Валерий Савченко

Из Перу с любовью

Валерий Савченко

Из Перу с любовью

Путевые заметки свободных путешественников

Bloggingbooks

Impressum / Выходные данные

Bibliografische Information der Deutschen Nationalbibliothek: Die Deutsche Nationalbibliothek verzeichnet diese Publikation in der Deutschen Nationalbibliografie; detaillierte bibliografische Daten sind im Internet über http://dnb.d-nb.de abrufbar.

Alle in diesem Buch genannten Marken und Produktnamen unterliegen warenzeichen-, marken- oder patentrechtlichem Schutz bzw. sind Warenzeichen oder eingetragene Warenzeichen der jeweiligen Inhaber. Die Wiedergabe von Marken, Produktnamen, Gebrauchsnamen, Handelsnamen, Warenbezeichnungen u.s.w. in diesem Werk berechtigt auch ohne besondere Kennzeichnung nicht zu der Annahme, dass solche Namen im Sinne der Warenzeichen- und Markenschutzgesetzgebung als frei zu betrachten wären und daher von jedermann benutzt werden dürften.

Библиографическая информация, изданная Немецкой Национальной Библиотекой. Немецкая Национальная Библиотека включает данную публикацию в Немецкий Книжный Каталог; с подробными библиографическими данными можно ознакомиться в Интернете по адресу http://dnb.d-nb.de.
Любые названия марок и брендов, упомянутые в этой книге, принадлежат торговой марке, бренду или запатентованы и являются брендами соответствующих правообладателей. Использование названий брендов, названий товаров, торговых марок, описаний товаров, общих имён, и т.д. даже без точного упоминания в этой работе не является основанием того, что данные названия можно считать незарегистрированными под каким-либо брендом и не защищены законом о брендах и их можно использовать всем без ограничений.

Coverbild / Изображение на обложке предоставлено: www.ingimage.com

Verlag / Издатель:
Bloggingbooks
ist ein Imprint der / является торговой маркой
OmniScriptum GmbH & Co. KG
Heinrich-Böcking-Str. 6-8, 66121 Saarbrücken, Deutschland / Германия
Email / электронная почта: info@bloggingbooks.de

Herstellung: siehe letzte Seite /
Напечатано: см. последнюю страницу
ISBN: 978-3-8417-7211-4

Copyright / АВТОРСКОЕ ПРАВО © 2013 OmniScriptum GmbH & Co. KG
Alle Rechte vorbehalten. / Все права защищены. Saarbrücken 2013

Валерий и Глеб Савченко

«Из Перу с любовью»

ОГЛАВЛЕНИЕ

ОГЛАВЛЕНИЕ 1
ВВЕДЕНИЕ 3
ПЕРУ: ОСНОВНЫЕ ТЕЗИСЫ 6
ГЕОГРАФИЧЕСКАЯ ИНФОРМАЦИЯ: 7
ВОПРОСЫ БЕЗОПАСНОСТИ 8
ИНТЕРЕСНЫЕ ФАКТЫ 9
ВИЗОВЫЕ ОСОБЕННОСТИ 10
ТУРИСТИЧЕСКИЙ СЕЗОН 10
ФИГАЛИ ТАМ ДЕЛАТЬ? 11
КУЛЬТОВЫЕ МЕСТА 12
ТРАНСПОРТ 16
ПЕРУ: ВЫБИРАЕМ МАРШРУТ 16
НА ЗАМЕТКУ ПУТЕШЕСТВЕННИКУ 17
ПЕРУ. ГОРОД ЛИМА. День первый. 22
ПЕРУ. ГОРОД ЛИМА. День второй: сокровища, скелеты и немного трепанации черепа 27
ПЕРУ: ПАРАКАС 33
ПЕРУ. ОСТРОВА БАЛЬЕСТАС 38
ПЕРУ: ГОРОД ИКА. ПУСТЫНЯ, БАГГИ И СНОУБОРД 42
ПЕРУ. ПУСТЫНЯ НАСКА 48
ПЕРУ. ГОРОД АРЕКИПА-ЧИВАЙ 58
ПЕРУ. КАНЬОН КОЛКА 65
ПЕРУ. УЩЕЛЬЕ КОНДОРОВ 72
ПЕРУ. ГОРОД ПУНО, ОЗЕРО ТИТИКАКА 76
ПЕРУ. ГОРОД КУСКО 85
ПЕРУ. УАЙНА ПИКЧУ 100
ПЕРУ. МАЧУ ПИКЧУ 108
ПЕРУ. ГОРОД ЛИМА, ОКОНЧАНИЕ ПУТЕШЕСТВИЯ 125

ВВЕДЕНИЕ

Перед вами – путевые заметки отца и сына, Валерия и Глеба Савченко. Живой язык, отличное чувство юмора, способность находить приключения в самых таинственных, красивых и необычных уголках планеты – вот главные достоинства этого своеобразного дневника. А о себе авторы, пожалуй, лучше всего расскажут сами. Мы же приглашаем вас побывать вместе с ними в Перу, стране лам, древних инков, кондоров, пустынь и безграничной свободы.

Валерий Савченко

Я потомственный офицер и все мое детство мне внушали мысль, что я должен достойно служить великой империи, а в сорок пять лет уйти на пенсию. И я прилежно исполнял наказ предков, получив после окончания военного института две звездочки на погоны. Потом великую империю продали. В то время я служил «играющим тренером» Уральского военного округа по рукопашному бою и восторженно лупил на ринге своих сослуживцев по другим округам и родам войск. Этот Sado-Mazo lifestyle бодрил и придавал смысл проходящим годам. Но однажды, проснувшись рано утром, я вдруг понял, что если я ничего не изменю, то скоро превращусь в пенсионера. А мое отражение в зеркале убеждало меня, что я пионер. Нет, не в смысле, что я всем ребятам в пример, или, что мне бабушкам помогать захотелось. А в смысле, что мне захотелось открывать для себя новые страны и новые континенты. Ведь пионер это тот, кто, по словарю Ожегова и Ефремова путешествует в неизведанные страны, исследует их. Если расширить синтаксическое поле, то пионер - это тот, кто стремится ко всему новому и необычному. И однажды, весной 1999 года, я подал рапорт по собственному желанию и, развернувшись лицом к штабу округа, сказал, как Хемингуэй: «прощай, оружие». Слава богу, что все сложилось именно так, и я по-прежнему пионерю по всему миру. Вечно молодой, вечно пьяный от запахов свободы. Так что пожелайте мне, чтобы у меня всегда было семь футов под килтом. Да и под килем тоже не помешает.

Глеб Савченко

Скажите, какой бы вы сделали выбор, если выбирать пришлось между новенькой Феррари и путешествием длиною в жизнь? Лично я выбрал бы второе. Ведь дорогой автомобиль привяжет тебя к одному месту и создаст кучу дополнительных забот, тогда как жизнь путешественника - это воплощенная свобода. Ценности определяют нашу жизнь, поэтому планета Земля, с ее невероятной историей и удивительной природой, будет раскрывать тебе свои секреты до самой смерти, а любой автомобиль, в конце концов, станет всего лишь ржавым железом.

Зачем мы путешествуем? Наверное, это не всякий сможет понять – ради мимолетного мгновения, ради короткого момента очарования и восторга лететь несколько суток на другой край планеты в самолетах, спать на креслах в аэропортах и на вокзалах, ютиться в убогих хостелах, дрожать от холода или обливаться потом под палящим зноем, задыхаться высоко в горах и погружаться в ледяную воду, идти по маршруту до судорог в мышцах ног, нести на себе риск быть съеденным, расстрелянным, укушенным и разбившимся в пух и прах. Неужели это стоит того? – удивляются любопытные. На все 1000%!!! Короткий миг, но он стоит того!

Ваши навеки, Валерий и Глеб Савченко.

P.S. Основа этой книги – статьи из нашего блога, расположенного по адресу: www.sav4enko.ru

ПЕРУ: ОСНОВНЫЕ ТЕЗИСЫ

Перу - это еще одна легендарная страна в **Южной Америке**. Хотя, на этом континенте нет нелегендарных стран. А может быть, все страны обычные, просто я, рожденный во времена тотальной советской романтики, придумал их такими для себя.

Это третья по территории страна Южной Америки, с населением в 30 миллионов человек. Официальный язык - испанский. Часовой пояс – 5 от Гринвича. Самые крупные города: Лима (столица), Трухильо, Арекипа.

ГЕОГРАФИЧЕСКАЯ ИНФОРМАЦИЯ:

Территория Перу - это узкая полоса пустынных береговых равнин (Коста), расположенных вдоль берега Тихого океана. Восточнее — горный пояс Анд (Сьерра), высотой до 6768 м (гора Уаскаран). На востоке — Амазонская низменность (Сельва), переходящая на юге в предгорную равнину (Монтанья).

Среднемесячные температуры на побережье около 15-25 °C, в Андах, на плоскогорьях от 5 до 16 °C, на равнине 24-27 °C. Осадков от 700 до 3000 мм в год.

На западных склонах Анд — редкие кустарники, кактусы; на внутренних плоскогорьях, на севере и востоке — высокогорные тропические степи, на юго-востоке — полупустыни. На восточных склонах Анд и на равнинах Сельвы — влажные вечнозеленые леса.

Крупнейшая река — Амазонка, озёра — Титикака, Ханин.

ВОПРОСЫ БЕЗОПАСНОСТИ

1. Территория страны находится в сейсмоопасной зоне, сильные землетрясения в Перу происходят примерно раз в год.

2. Перу находится в высокогорных районах, поэтому могут проявиться симптомы горной болезни (особенно актуальна эта информация для людей, имеющих проблемы с сердцем и давлением). Симптомы – головная боль, тошнота, сонливость.

3. В джунглях на востоке от Анд распространена малярия. Разумеется, следует опасаться холеры, желтой лихорадки, гепатита и других инфекционных заболеваний.

4. Уличная преступность, конечно, развита, но разработать правила самосохранения для опытного туриста будет несложно.

5. В целом, Перу считается очень безопасной страной, которая благоприятна для авантюрного бродяжничества.

ИНТЕРЕСНЫЕ ФАКТЫ

- Первые жители на территории современного Перу появились в X тысячелетии до н. э.

- Инки — это не этнос, а правящий класс.

- В 1532 году испанские конкистадоры завоевали территорию Перу.

- В 1824 году генерал Симон Боливар разделил Перу на две страны — собственно Перу, которым стал править сам, и Боливию (названную в его честь), которую он отдал под правление Сукре.

- Тур Хейердал отправился в свое первое авантюрное путешествие к островам Французской Полинезии из столицы Перу - г. Лима.

ВИЗОВЫЕ ОСОБЕННОСТИ

Безвизовый въезд для граждан Латвии, Российской Федерации, Республики Беларусь и Украины на срок не более 90 дней. При пересечении границы необходимо предъявить загранпаспорт, срок действия которого составляет не менее 6 месяцев с момента въезда.

ТУРИСТИЧЕСКИЙ СЕЗОН

Туристический сезон в Перу – **с июня по август**, когда в горах нет дождей. Это же время идеально подходит для пеших походов. Хотя как раз на сезон дождей приходятся главные праздники, перуанцев дожди нисколько не смущают. Пляжи местные жители посещают **с конца декабря по март**, хотя большинство пляжей не особо привлекательны. В другие месяцы перуанский берег застлан туманом. В восточной части джунглей идут сильные дожди. Месяцы **с декабря по апрель** – самые дождливые, но туристы посещают Перу круглый год, так как дождь обычно долго не льет.

ФИГАЛИ ТАМ ДЕЛАТЬ?

- Кататься на серфе.
- Изучать местную культуру,
- Изучать колониальную культуру,
- Совершать треккинг по горным тропам,
- Заниматься экотуризмом: островной отдых, джунгли, Амазонка. Куча национальных парков и заповедников.
- Купаться в океане,
- Заниматься альпинизмом,
- Пройти шаманский обряд с неприличным названием Аяхуаска.

КУЛЬТОВЫЕ МЕСТА

1. Департамент **Мадре-де-Диос**. Биосферный заповедник **Ману**. Он занимает 19000 кв. км., на которых растут влажные тропические леса, одни из последних, нетронутых человеком, в мире. Он был внесён ЮНЕСКО в список Мирового наследия, как место проживания около 850 разновидностей птиц, редких животных, а также нескольких племён индейцев, которые не затронула цивилизация.

2. На юго-восток от Ману расположен **резерват Тамбопата**, в пределах которого представлены три экосистемы – Амазонская равнина, восточные склоны Анд и степь Пампа. Здесь обитают 1234 вида бабочек, 592 вида птиц, 74 вида рептилий, 103 вида млекопитающих, 92 вида рыб и 40 видов насекомых. На территории резервата охраняются 13 видов животных, которые находятся на грани вымирания, среди которых – **ягуар, гигантская выдра, оцелот, орёл гарпия и броненосец**. В сельве также находится самый молодой национальный парк страны – **Бахуаха-Сонене**.

3. Национальный парк **Уаскаран**, который занимает большую часть Кордильера Бланка.

4. Археологический **парк Мачу Пикчу** – затерянный город империи Инков.

5. **Каньон Колка**. Он расположен в 180 км от города Арекипа. Это самый глубокий каньон в мире – глубина его от дна до горных вершин достигает 3400 м. В каньоне обитают гигантские андские кондоры, которых можно увидеть со смотровой площадки Круз-дель-Кондор. Отсюда видна Долина Вулканов, куда также можно отправиться на экскурсию.

6. **Полуостров Паракас** (15 км южнее Писко) - одноимённый Национальный морской заповедник. В состав парка также входят близлежащие острова Бальестас. Здесь обитает одна из самых больших в мире колоний морских львов. Кроме того, Паракас и Бальестас

населяют около 150 видов птиц, среди которых пингвин Гумбольдта, пеликаны, бакланы, олуши и фламинго.

7. Национальный **парк Титикака**. В водах озера водится множество видов морских беспозвоночных и рыб, а также акулы.

8. Из города Икитос ежедневно отправляются многодневные походы в **джунгли**. Во время путешествия можно увидеть разнообразный растительный и животный мир влажных тропических лесов, кроме того, прямо в джунглях открыто несколько пансионатов.

9. Активный **вулкан Мисти** высотой 5822 м. Походы в Мисти начинаются из города Арекипа.

10. Легендарная **пустыня Наска** с гигантскими изображениями, различимыми только с высоты птичьего полета.

11. **Город Лима**. Занесен ЮНЕСКО в список всемирного наследия человечества. Осмотр собора Сан-Франциско, Центральной Площади, Президентского Дворца, Мэрии, площади Боливар, музея золота, музея оружия, парк Лимских фонтанов, причал Кальяо, от которого стартовал "Кон-Тики" с экспедицией Тура Хейердала.

12. Древний **город Куско**. Занесен ЮНЕСКО в список всемирного наследия человечества.

13. **Тропа инков**, идущая от Мачу-Пикчу до города Писак вдоль Священной долины. Здесь в древности располагались основные города Империи инков.

14. **Священная долина: город-пирамида Ольянтайтамбо, деревня Чинчеро**, где, как считали инки, зародилась радуга. В окрестностях Писака можно посетить руины древнего укрепления, которое защищало вход в долину реки Урубамба. Этот комплекс сооружений был высечен из скал.

15. **Музей Камней Кабрера** в городе Ика. Экспонаты, поставившие в тупик современную науку.

16. Религиозный центр доинкского периода – **Пачакамак** - место поклонения Божественному Творцу Земли.

17. **Руины города Карала**. Это место находится в 150 км к северу от Лимы. Город был основан более 5000 лет назад, сейчас здесь можно увидеть пирамиды, храмы и площади, схожие с постройками Мачу-Пикчу.

18. **Город Трухильо**. Недалеко от него лежат руины столицы древней империи Чиму Чан-Чан. Его постройки включают в себя культовые

сооружения, мощные стены и дома. Чан-Чан считается уникальным местом из-за того, что был возведён только при помощи глины и камней.

ТРАНСПОРТ

Воздушные направления связывают самые крупные города в разных частях страны. Железнодорожного сообщения практически нет. По всей территории Перу можно передвигаться на комфортабельных автобусах, в которых имеются спальные места.

ПЕРУ: ВЫБИРАЕМ МАРШРУТ

Для начала, немного путевой логистики: ничего оригинального, как оказалось, я не придумал и маршрут оказался вполне стандартным: Лима – Паракас – Ика – Наска - Арекипа – Пуно – Куско – Лима. Основные сомнения, которые не давали мне покоя, находились в плоскости выбора транспорта. Сначала, я хотел, как обычно, арендовать машину, но меня смутили некоторые отрезки пути. Особенно плечо: "Куско-Лима" – на автобусе - более 20 часов непрерывной езды, а я предполагал, что к этому времени буду основательно измотан. Поездов в Перу, можно сказать, нет, а самолетом можно добраться только до крупных городов. Короче, остановился я на автобусах: этот вид сообщения очень распространенный и удобный, а в Лиму из Куско возвращаться нужно было только по воздуху, безальтернативно.

НА ЗАМЕТКУ ПУТЕШЕСТВЕННИКУ

ЛИМА

- В Лиме нет централизованного автовокзала. Существует около десяти автобусных компаний, три из которых лидируют на рынке перевозок, каждая компания имеет свою станцию. Самый дорогой, но в то же время самый комфортный – **Круз-Дель-Соль** (в салоне есть спальные места, горячие напитки и даже интернет).

- Билеты на автобус продаются в самых разнообразных местах. Удобнее всего покупать их в торговых центрах. В каждой сети продаются билеты на одну из главных автобусных компаний.
- Необходимо пройти регистрацию перед посадкой, поэтому приехать на станцию лучше минут за 30.
- В любом туристическом городке полно турагентств, продающих туры на любые Перуанские достопримечательности. Каждый продавец будет утверждать, что только у него невероятно крутые связи в туристической сфере и без него вы пропадете. На самом деле, в любом месте вы легко сможете организовать свою программу самостоятельно, и, при этом, экономия может составлять до 100% стоимости предлагаемого тура. Я считал и сравнивал.

<u>НАСКА</u>

- Совершить авиаперелет над пустыней несложно (если нет бури). В аэропорту Наски несколько десятков маленьких самолетов ждут любознательных туристов. Полет продолжается час и стоит минимум 80 долларов. Каждый самолет проводит несколько вылетов в день. Конкретика зависит от погодных условий.
- Из Наски до аэродрома добраться можно на такси за пару долларов. Расстояние около пяти километров.
- Улететь на самолете в другое место (город) нельзя. Летчики выполняют исключительно экскурсионные полеты и не занимаются авиаперевозками.
- На автовокзале на вас набросится банда хэлперов с разнообразными спецпредложениями. Можно бесплатно воспользоваться их услугами (они работают на агентском вознаграждении), но можно легко найти все самостоятельно.
- В Наске можно совершить несколько интересных экскурсий – покататься на сэндбордах или посмотреть на древние захоронения представителей таинственной цивилизации Наска в Чаучилла. Это 30 километров от Наски.

КАНЬОН КОЛКА

- Чтобы коварная горная болезнь не испортила вам впечатления, запаситесь специальными медикаментами. Если Вы также, как и я, не знаете, какие медикаменты являются специальными, то очень подойдет средство для похмелья. Друзья, я не имел в виду рассол и пиво. Что-то типа алкозельцера или, в крайнем случае, аспирина.
- В Чивае есть совершенно чумовое активити. На ЗИП-лайне можно перелететь с одного края каньона на другой. Меня до сих пор мучит мысль, что я не успел сделать это, так же как не успел полетать над Наской на самолете.

ГОРОД ПУНА, ОЗЕРО ТИТИКАКА

- Титикака лежит на границе двух государств: Перу и Боливии, поэтому Пуно является прекрасной базой для побега в другую страну. Тут существуют много фирм, помогающих с обменом валюты, трансфером и визовыми формальностями.
- Если вам все же повстречалась наивная и доверчивая девушка, не теряйтесь. Чтобы справиться с ними, пользуйтесь серебряными пулями, чесноком или осиновыми кольями.

ПЕРУ. УАЙНА ПИКЧУ

- Приобрести комплексно тур или отдельно билеты можно только по предъявлению оригиналов паспортов. Важно не забыть паспорта с собой, так как ни в поезд, ни в археологический комплекс без паспортов, хоть и при наличии билетов, не пропустят.
- Во всех туристических местах Перу вас будут убеждать, что Вы не попадете в Мачу Пикчу без их помощи. Об этом же будет бесспорно свидетельствовать официальный сайт. Не верьте. Вы все купите на месте за один (два) дня. Спокойно и без суеты.
- Официальный сайт Мачу Пикчу http://www.machupicchu.gob.pe/
- Чтоб не заморачиваться, лучше купить пакет услуг, в который входит трансфер на автобусе до Ольянтайтамбо, билеты на поезд в обе стороны (около $80), номер в отеле, проезд в шаттле в обе стороны (около $20), ваучеры на вход в Мачу Пикчу. Цена на все по раздельности будет такая же, я просчитывал.
- Рюкзаки можно сдать в камеру хранения на входе, чтобы не таскаться с ним по кручам.

ПЕРУ. ГОРОД ЛИМА. День первый

Иногда я просыпаюсь и, лежа в кровати, спросонья, в полной темноте, пытаюсь понять, в какой точке земного шара я нахожусь. Открыв глаза этой ночью, я снова на миг задумался о том, куда черт занес меня в этот раз. Пару секунд спустя пришел ответ - вспомнил, как вчера, после длительного 34-часового перелета, проведя две бессонные ночи в неудобной Московской стыковке и удобной Амстердамской, мы с Глебом приземлились в аэропорту Хорхе Чавеса, в столице Перу, Лиме. Мечты сбываются (если их настойчиво осуществлять, конечно)! Отель, в котором мы расположились, находится рядом с побережьем Тихого океана, в районе Мирафлорес. Наскоро вливаем в себя кофе и отправляемся на утренний моцион.

Вид океанской линии поражает нас наповал. Она протянута на многие километры и у нас есть возможность любоваться ею со скал. Погода облачная и это удивительнейший природный феномен. Солнце в Лиме можно увидеть лишь в период с декабря по март, в остальное время над землей висит «гаруа», густой и влажный туман – тучи удерживают соседние Анды. При этом дождь не идет, но в воздухе словно висят микроскопические капли воды. Это очень необычно, с утра и до вечера ежедневно одинаково пасмурная погода. В океане, несмотря на отсутствие солнца, упражняются серферы.

Находим лестницу на нижний ярус:

Вода в океане холодная – градусов 16, но в гидрокостюме терпеть можно. На берегу много частных инструкторов предлагают тренировку, прокат снаряжения и доски. За час выходит около 900 рублей. Мы хотели поучиться и даже договорились на следующий день, но потом я рассудил, что один день мастерства не прибавит, и отменил обучение до лучших времен. Думаю, что они настанут совсем скоро. Возвращаемся обратно, по пути замечаю табличку с указанием пути эвакуации при цунами.

Никогда не задумывался, что это разрушительное явление может произойти здесь. Интересно было бы понаблюдать за гигантскими волнами с безопасной вершины утеса.

Я представлял **Лиму** менее цивилизованной, какой-то неказистой что ли, наподобие Гватемала-сити. Оказалось же, что это огромный девятимиллионный город с интересной историей, который был основан в 1535 году, испанским конкистадором **Франсиско Писсаро**. Правда, сначала его назвали Сьюдад-де-лос-Рейес (город королей), но название не прижилось и со временем город стал называться именем долины Лима, в которой он находится.

Лима - красивый город, но я не собираюсь останавливаться тут надолго – сегодня, как обычно, буду болтаться по улицам и ждать, когда паззлы начавшегося путешествия соединятся в целостную картину. Жаль, что отсутствует метро, с ним проще, но зато есть метробус и недорогое такси (150-200 рублей практически в любой район). Доезжаю до площади оружия (самый центр города), к дворцу правительства и древнему кафедральному собору.

Собор невероятно красив и в его великолепии я замечаю неуловимые отличия от других католических сооружений Латинской Америки. В них к колониальному испанскому стилю примешаны индейские мотивы. Но в Лимских есть что-то особенное. Может, искусные деревянные резные балконы в стиле барокко? Они точно уникальны, но есть еще что-то, и я не могу это поймать.

Его, кстати, начали строить вместе с городом, достраивали, восстанавливали после землетрясений и вот такой ошеломительный творческий результат получился. Между прочим, в соборе находится гробница отца-основателя города, **Франциско Писсаро**.

Улицы заполнены толпами народа. 29 июня большой праздник у католиков – день отца. Люди съезжаются со всех окрестностей Перу.

Агрессии не чувствую, окружающие кажутся вполне дружелюбными. Хотя несколько раз меня останавливали европейцы и рекомендовали не доставать фотокамеру - на темных улицах, мол, легко наткнуться на вооруженных грабителей. Может и так, но я на 100% доверяю своей интуиции – она вырабатывалась десятилетиями.

Как-то незаметно стало смеркаться – в Лиме не замечаешь, как проходит время: и утро и полдень и вечер одинаково серые, а потом вдруг раз - и темно. В шесть вечера уже ничего не видно. Мы с улиц постепенно перебрались в ресторан и в конце ужина встретили русского мужчину. На вид ему под шестьдесят, внешне интеллигентен, говорит убедительно и красиво. Пообщались, выпили по рюмочке – начались рассказы про Перу, финал которых неизменно оканчивался какой-то кровавой баней – коварные перуанцы безжалостно обманывали доверчивых туристов, вооруженные автоматическим оружием грабили автобусы, похищали людей и т. д. У меня возникло ощущение, что он рассказывает про Гаити и пытается манипулировать моим сознанием. Я не доверяю русским за границей, очень точно изобразил смысл отношений наших земляков за рубежом Алексей Балабанов в фильме "Брат-2" в сцене с покупкой главным героем автомобиля. Когда пришло время расходиться по домам, мужчина предложил встретиться на следующий день и прогуляться, сделав акцент на том, что может порекомендовать безопасные турагентства. Я подумал и вежливо отказался, хотя, может, у него и не было корыстного умысла, но путешественнику в самостоятельных приключениях нужно все же быть осторожным, особенно в Южной Америке.

ПЕРУ. ГОРОД ЛИМА. День второй: сокровища, скелеты и немного трепанации черепа

Наутро конструкция маршрута приобрела осязаемую форму. Чтобы закончить ее на интуитивном уровне, мы решили отвлечься и отправились по знаковым местам. На первом месте, естественно, музей оружия и музей золота. Экспозиции находятся в одном здании, адрес не знаю, но любой таксист, услышав «museo de oro» (музей золота по-испански) отвезет вас по адресу за 150 рублей. Музей оружия, конечно, потряс. Бывая в странах, чья история напрямую связана с войнами, я всегда посещаю подобные экспозиции, но такой богатой коллекции, скажу откровенно, не встречал никогда.

Музей золота находится этажом ниже. Собрано огромное количество артефактов, мумий, украшений и предметов быта инкской и доинкской культуры.

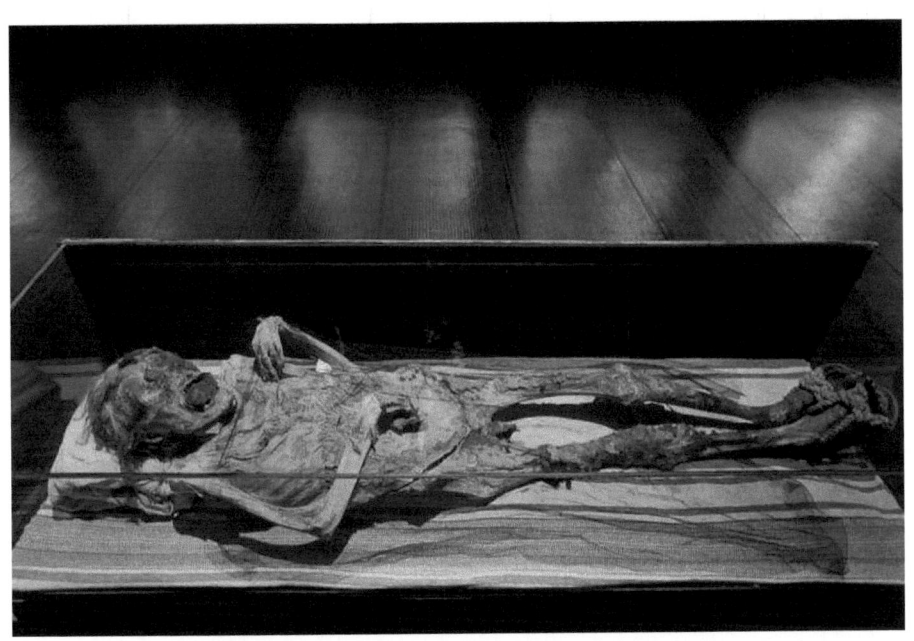

Интересно очень, особенно когда владеешь некоторыми фактами. Например, знатные люди в культуре **Паракаса** и **Наски** (доинкской) новорожденному к голове привязывали специальные дощечки, которые заметно удлиняли череп, придавая ему овальную форму - на кого они хотели быть похожи? Образы кого они копировали таким способом? Ведь просто так, от нечего делать, человек не стал бы заниматься подобными вещами (бредовыми, на самом деле). Тем более, при достижении зрелого возраста, из-за этого знать страдала ужасными головными болями (это и понятно – внутричерепное давление становилось аномальным) и в те времена жрецы могли делать трепанацию черепа и вставлять заплаты из золота на дырку в голове. Сам видел экспонат. Переполненные впечатлениями, мы направились в центр – осмотреть еще одно интересное место.

Это **монастырь Святого Франциска**.

Очень красивый интерьер, все фрески, отделка и картины оригинальные – **конца XVI века**. В библиотеке, похожей на библиотеку Хогвардса, где провел годы своего ученичества пламенный борец с темными силами Гарри Поттер, хранятся старинные фолианты в кожаных переплетах. А еще тут в подземелье находятся катакомбы, которые долгое время использовали как кладбище для небогатых людей (состоятельные обретали вечное успокоение по VIP-классу в собственных часовнях). Экскурсия по этим подземным тоннелям напоминает о бренности жизни.

В полумраке узких коридоров свалены грудами человеческие черепа и кости.

Со слов экскурсовода, здесь **захоронено около 25 тысяч человек**. Но довольно мрачных картин, на волю, к свету и свежему воздуху! К изящной архитектуре, в парк, к живым людям и причудливым фигурам городского дизайна.

Можно праздновать день отца (т.е. меня, в том числе) и расслабляться. Мой мозг завершил привычную для него работу по составлению маршрута. Когда вы прочитаете следующую главу, то узнаете подробности и логистику наших передвижений по этой удивительной стране. А мы говорим вам АСТА МАНЬЯНА,

Навеки Ваши, Отец, Сын и Святой Дух. Валерий и Глеб.

P.S. Увидеть Святого Духа по вполне объяснимым причинам на фотографии крайне сложно:

ПЕРУ: ПАРАКАС

От Лимы до Паракаса километров триста пути, посмотреть там есть что. Рано утром следующего дня мы отправились в путь и к 11 часам утра были в пункте назначения. Искать крышу над головой я решил на месте, и это было правильно. Едва мы вышли из автобуса, на нас налетели хэлперы с предложениями хостелов. Цена за сутки на человека: 300-400 рублей. Мы заселились в апартаментах с бассейном в самом центре (скромный завтрак включен в цену) за 400 р.

Паракас - это крошечная деревня, расположенная на одноименном полуострове, омываемом водами Тихого океана. А еще это единственный в Перу морской заповедник. Мы не стали терять драгоценное время и, пока наши рюкзаки влетали в комнаты, мы уже запрыгивали в авто. Чтобы добраться до территории Национального парка, потребовалось пятнадцать минут. С обрывистых скал перед нами открылась бесконечная даль океанского пляжа.

Когда я вижу такое, у меня просто дыхание перехватывает от восторга.

Мощные лазурные волны накатывают на пустынный берег, сидящие на песке чайки повторяют их контур. Фигура человека с такой высоты кажется крошечной.

Нахожу некоторое сходство с пригородом Мельбурна. Вернее с Великой Океанской Дорогой и всемирно известными «Двенадцатью Апостолами».

С югом Австралии эти места схожи еще температурой воды. Океан холодный – у побережья Перу проходит **антарктическое течение Гумбольта**. Интересно: обычному человеку океан представляется огромным водохранилищем, на самом же деле в его бесконечных пространствах есть множество направленных течений, они как автострады на суше. Морские животные мигрируют по ним так же, как мы используем автобусы или поезда.

Мы сели на край утеса и стали созерцать стихию. Стая пеликанов состязалась с рыбацкой артелью в искусстве рыбной ловли. Чтобы узнать, кто одержал победу, мы отправились в бухту, куда обе команды доставляли улов.

На территории Национальных парков запрещено строить любые сооружения, кроме тех, в которых исторически проживают какие-нибудь этнические группы. В парке **Паракас** никто не живет, но в бухте становятся на причал небольшие рыболовецкие суда.

В нескольких кафешках, стихийно образовавшихся на берегу бухты, всегда свежая рыба – другой просто нет, потому что отсутствуют холодильники (проверено лично). И судя по тому, что пеликаны попрошайничают рыбу у людей, они в промышленном рыболовстве таки уступают человеку. А вообще, пеликанов тут полно. Они очень общительны и дружелюбны.

В этих совершенно непрезентабельных заведениях непревзойденно готовят морепродукты. Прав был Булгаков, когда писал, что «рыбы второй свежести не бывает, свежесть бывает только одна – первая и она же последняя».

Спасибо рыбакам за их самоотверженный труд! А мы заканчиваем этот короткий репортаж и отправляемся по живописной пустыне обратно в наши апартаменты. В следующей главе встретимся на островах Бальестос!

ПЕРУ. ОСТРОВА БАЛЬЕСТАС

Я много читал про этот архипелаг, состоящий из трех крупных островов, и решил посетить его в первую очередь из-за **морских львов**. На скалистых берегах **Бальестас** проживают целые колонии этих забавных животных. На скоростном катере до него от Паракаса около часа пути. Я пытался организовать частный трансфер, но никто из рыбаков не подписался – может это как-то связано с разрешительной системой, ведь Бальестас - это заповедник. Пришлось согласиться на коллективную экскурсию. Трансфер в обе стороны обошелся в 250 рублей с каждого. Спидбот с ветерком домчал нас по океану к каменным утесам. Оказалось, что на берег высаживаться запрещено, поэтому экскурсия предполагала дрейфовать на борту вокруг скал в течение часа.

Суровая красота этих мест удивительна, они даже отдаленно не напоминают легкомысленные тропические острова, хотя расположены совсем недалеко от экватора. Причудливая геометрия и цветовая гамма грозных утесов в окружении океанских волн порождает какое-то необычайное воодушевление.

Вода здесь просто кишит рыбой, что не оставляет равнодушными разношерстное (вернее, разноперое) птичье братство. Фрегаты, гагары, чайки, альбатросы, пеликаны и еще десятки неизвестных видов. Никогда не видел столько птиц...

С ними мирно делят территорию пингвины Гумбольта. Размером они в два раза больше, чем те, которых мы видели в Австралии на острове Филиппа. Пингвины Гумбольта – исчезающий вид, их популяция исчезает из-за изменения океанских течений. Уже нарицательной стала история, как Максим Горький (или лицо, выдающее себя за великого поэта), увидев впервые пингвина Гумбольта, незамедлительно написал ставшую прямо-таки литературным клише фразу: «Глупый пингвин робко прячет!», а потом, подумав немного, добавил: «Умный смело достает!»

Ну и, конечно же, на островах полно морских львов. Они «загорают» на галечном пляже или вальяжно отдыхают в каменных нишах. Интересно, не жестко им там лежать и как они вообще туда забираются?

Семейная жизнь в брачной паре морских львов практически ничем не отличается от жизни в человеческой семье. Вот смотрите, приперся он с работы домой пьяный и сразу на диван. И ничего ему не нужно – ни сериал посмотреть, ни у детей уроки проверить, ни точку G поискать. Да хоть бы ведро мусорное вынес и то б помощь какая-никакая! Эх, тяжела женская доля в этом жестоком мире!

Так и живет морское сообщество – ест рыбу и какает на скалы. Да причем какают так хорошо, что Перу долгое время было одним из крупнейших поставщиков гуано (гуано - это то, чем какают, а еще синоним некачественных вещей), довольно ценного минерального удобрения.

Ну и пока они дружно какают всем островом, нам пора возвращаться на берег. Отличная экскурсия – наблюдать живую природу всегда беспроигрышно-интересно.

А птицы, кстати, действительно летают клином. Мне как-то не приходилось видеть это до сих пор.

ПЕРУ: ГОРОД ИКА. ПУСТЫНЯ, БАГГИ И СНОУБОРД

Насмотревшись на пингвинов и морских львов и показав им себя (надеюсь, исключительно с положительной стороны) мы продолжили наш путь по **Перу**. Следующим пунктом в нашем маршруте был **город Ика**. Сам по себе он не представлял для меня интереса – практически все города в Перу похожи, как близнецы-братья. Выглядят они приблизительно так: центральная площадь, называемая, как правило, PLAZA DEL ARMOS, рядом католический собор и здание муниципалитета, далее идут непримечательные жилые кварталы. Более всего меня интересовал **музей Кабреры**. Но неожиданно для себя, я обнаружил еще одно место, которое мне захотелось посетить. Это **оазис Уакачина (исп. Huacachina)**.

Я никогда не видел настоящего оазиса, хотя много раз встречал их описания в книгах. Кроме того, рядом с Уакачиной находится багги-центр, предлагающий гонки по песчаным дюнам. Оазис поразил нас наповал – это просто невероятно, едешь по безжизненной пустыне и вдруг видишь посреди барханов небольшое озеро с растущими вокруг пальмами. Все как было в книжках и написано, отсутствовал только караван с уставшими верблюдами. Немыслимо – как получается, что это озеро никуда не исчезает в знойных песках? Я читал, конечно, что непроницаемый нижний слой почвы из горных пород и камня способствует удержанию воды в подземных разломах, но одно дело читать, а другое дело видеть это своими глазами. Вот уж действительно изумительное чудо природы! Еще одно чудо, но уже не природы, а инженерного гения, поджидало нас поблизости.

Чудо называлось багги, и брутальная конструкция убедительно демонстрировала, что поездка в ее чреве позволит пережить нам нечто новое. Интуиция и в этот раз не подвела. Мы уселись на кресла, покрепче пристегнулись ремнями безопасности и рванули в пустыню. Водитель, разогнав машину настолько, насколько позволял двигатель, буквально взлетел на вершину бархана, и, не уменьшая скорость, бросился вниз. «Вот и смерть моя! Как жаль, что не успел Мачу-Пикчу посмотреть» – подумал я, ожидая, когда чудо-автомобиль перевернется. Но, вопреки моим ожиданиям, багги не только сохранила равновесие, но и помчалась дальше. Вцепившись в поручни, мы, как флажки, развевались на встречном ветру. Восторг переполнял мои легкие, и я заорал так, как не орал с момента рождения.

Минут через тридцать, заехав на вершину очередного холма, мы заглушили двигатель. Марсианская пустыня, простиравшаяся внизу, выглядела так, словно ее только что нарисовал Сальвадор Дали. Я глазел на песчаные дюны и не мог понять, как все это может существовать в реальном мире. Контуры холмов были настолько четкими, словно их кто-то полировал.

Водитель, вошедший в раж от наших воплей, деликатно покашлял, давая понять, что приключение продолжается. И вот, игнорируя все мыслимые законы гравитации, мы снова невероятными петлями несемся по бездорожью. И мысль о том, что пара сломанных костей и сотрясение мозга средней тяжести - это вполне оправданная цена за испытываемые ощущения, уже не кажется мне такой нелогичной, как в начале маршрута.

Наконец, покорив очередную вершину, безумный водитель остановился и, словно фокусник, извлек откуда-то доски, похожие на скейтборды, только без колес. Перед нами расстилался ровный и крутой склон и, если бы цвет снега был красновато-коричневым, я мог предположить, что оказался на горнолыжном курорте. Идея была абсолютно понятна – песок также, как и снег обладает скользящими свойствами и позволит нам в жаркой пустыне испытать горнолыжный кайф.

Уговаривать нас не пришлось, мы прицепили доски на ноги и попрыгали к спуску. Затея была до такой степени оригинальна, что я, разгоряченный прыжками на багги, камнем бросился вниз, и на середине горы кубарем покатился по песку. Техника сноуборда с разворотами на кантах оказалось неприменима в пустыне. Впрочем, падение только добавило куража. Совершенно офигевший от происходящего японец, каким-то образом прибившийся к нашей компании, наблюдал наше сумасшествие. Постепенно, его глаза из дальневосточных превращались в круглые среднеевропейские. Он долго высчитывал вероятность наступления трагических событий и в итоге покатился на животе. Видимо, цифры были не на его стороне.

Мы же, с песком в карманах, во рту, в ушах и других полостях наших тел, были счастливы!!! Поэтому, как только очутились у подножия горы, одновременно, не раздумывая показали водителю «Наверх!»

Второй спуск был куда более уверенным. Но чтоб у японца не сформировалось чувство неполноценности, мы, воспитанные в духе интернационала, поддержали его метод катания на брюхе. Тоже, кстати, забавно.

К оазису мы шли уставшие, но счастливые – впервые песок, сыпавшийся из ж.., т.е., из определенной полости, указывал не на процесс старения индивида, а с точностью «до наоборот», на его омоложение. Ну, как минимум, эмоциональное. Ну и на этом, в общем-то, «до новых встреч», навеки ваши, sandymen Валерий и Глеб.

ПЕРУ. ПУСТЫНЯ НАСКА

Наска!!! Вот уж действительно, загадка из загадок. Я знал про таинственные линии пустыни еще в детстве и долгие часы представлял, как инопланетяне, мерзко хихикая в предвкушении того, как земляне будут ломать головы в попытках раскрыть происхождение рисунков, царапают каляки-маляки на каменистом грунте. Земляне же обозвали инопланетное творчество геоглифами и поставили попытки приоткрыть завесу тайны на основательные коммерческие рельсы. Нас с Глебом с непреодолимой силой тянет ко всяким ребусам и головоломкам, поэтому мы, устав сопротивляться этой силе, отправляемся в **Наску**.

Но прежде, вернемся на несколько дней ранее, в **Паракас**. Зачем? Там находится первый встреченный нами геоглиф в виде трезубца, изображенный на одной из гор полуострова. Называют его **канделябр** (альтернативно – Андский трезубец).

Высота рисунка – 128 метров, ширина – 74 метра. С океана его видно на расстоянии около 10 километров. В Википедии пишут, что он указывает на Наску, но это вряд ли.

Сами посмотрите по ссылке на карты Гугл: https://maps.google.com/?&ie=UTF8&om=1&ll=-13.794448,-76.308699&z=19 .

На сегодняшний день нет никаких свидетельств о том, кто, когда и зачем его создал. Хотя есть версии, что это религиозный символ или прототип морского маяка. Для меня же самым невероятным является то, как он сохранился. Канделябр словно выдавлен в песке и как он не исчез под воздействием морских штормов и ветра – вещь для меня непостижимая… Ведь ему **минимум 450 лет** (он появился до того, как испанцы начали изучать эти края). Объясняют это тем, что ветры дуют со стороны моря, поднимаясь снизу вверх по склону песчаной горы, сами продувают «канавы» трезубца, не давая им ни осыпаться, ни засориться.

Но как бы то ни было, это выше моего понимания.

В Паракасе я нахожу офис, где можно забронировать авиабилеты на воздушный полет над Наской. Менеджер, который меня обслуживает – перуанская тетка неопределенного возраста, с первого взгляда распознавшая во мне финансовый источник удовлетворения всех незатейливых индейских потребительских фантазий. Называю ее про себя «Последняя из Могикан». Она ушлая, но с английским у нее полный провал. Диалог не складывается, но каким-то чудом сделка совершается. 95 долларов с человека вместе с оплатой переезда до

Наски. Я не знаю, много это или мало, но не переживаю – в любом случае, если я и переплатил, то не много. Утром я с удивлением понимаю, что «Последняя из Могикан» отправляется нас сопровождать. Цель затеи для меня очевидна – она собирается впарить нам экскурсию в Мачу-Пикчу, за которую она со всей краснокожей непосредственностью обозначила прайс в 700 долларов. Мое несогласие она приняла с интернациональной женской толерантностью, с которой обычно российские мамы воспринимают нежелание ребенка есть кашу на завтрак: «куда ж ты, типа, денешься от мамочки, бамбино!» Мне же в сущности ее эскорт был безразличен – я был на плато, о котором грезил в детстве.

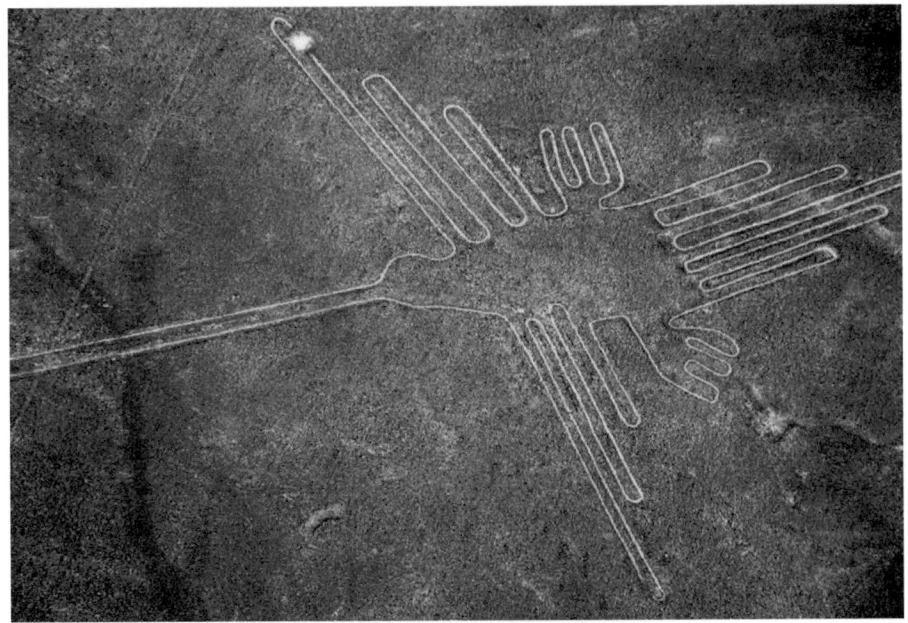

Источник фото: http://www.vidpochivay.com

В **Наске** случился природный конфуз – в пустыне бушевала песчаная буря и все пилоты на аэродроме с задумчивым видом потягивали кофеек и не спешили «бросать ввысь свой аппарат послушный или творить немыслимый полет», несмотря на то, что «им разум дал стальные руки-крылья, а вместо сердца пламенный мотор»!

Нашей печали не было границ – я был, пожалуй, в самом легендарном месте планеты, но не имел возможности взглянуть с высоты птичьего полета на загадочные фигуры.

Источник фото: http://www.bibliotecapleyades.net

На все мои просьбы, адресованные господу богу о восстановлении справедливости, я слышал лишь безразличные завывания ветра. Операторы на пару с «последней из Могикан» в ответ на ребром поставленный вопрос о времени вылета, завыли так же неопределенно и жалостливо. Вскоре стало понятно, что полет сегодня не состоится, прогноз же на завтра был столь же неоднозначным – пустыня дама капризная. Я забрал деньги, категорично разрушив надежды на невероятное обогащение «Последней» (сокращение автора), отказавшись брать ее в провожатые на Мачу-Пикчу, и отправился в поселок искать компромисс с этим жестоким миром. И он, черт побери, был найден! Я нашел экскурсовода, который согласился отправиться с нами в пустыню, чтобы прочитать лекцию и показать фигуры со специально установленных недалеко от дороги вышек. И вот мы вдали от поселка, вокруг нас лишь безжизненное каменистое пространство.

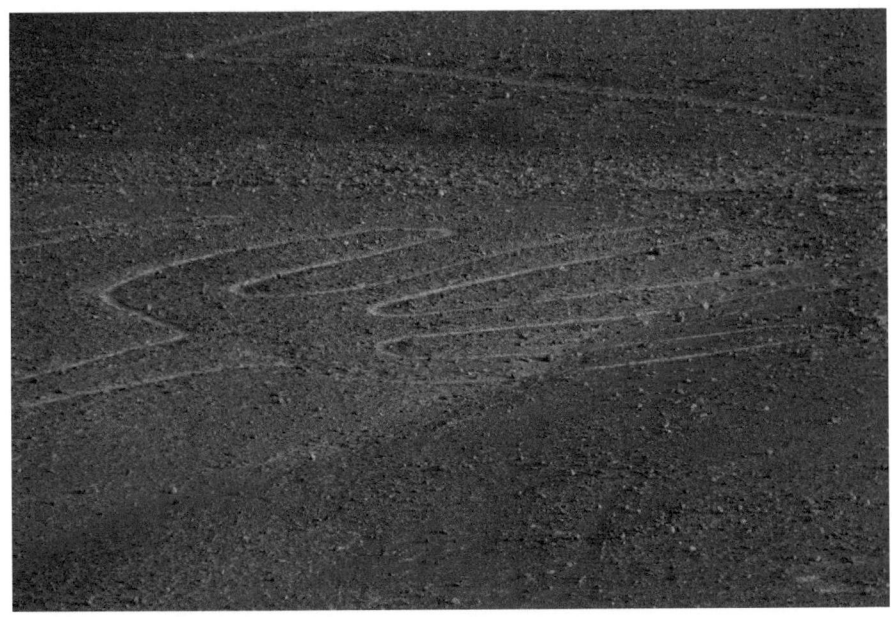

Рассказ экскурсовода уносит нас в 40 годы двадцатого века, когда американский археолог **Пол Косок** пролетев на самолете над этими местами, обнаружил непонятные знаки. Чуть позже геоглифы всерьез начала изучать **Мария Райхе** – немка, посвятившая свою жизнь Наске и добившаяся их охраны на уровне государства. В 1947 году, при помощи военной авиации, была составлена подробная карта рисунков, а в 1994 году они были включены в список всемирного наследия ЮНЕСКО.

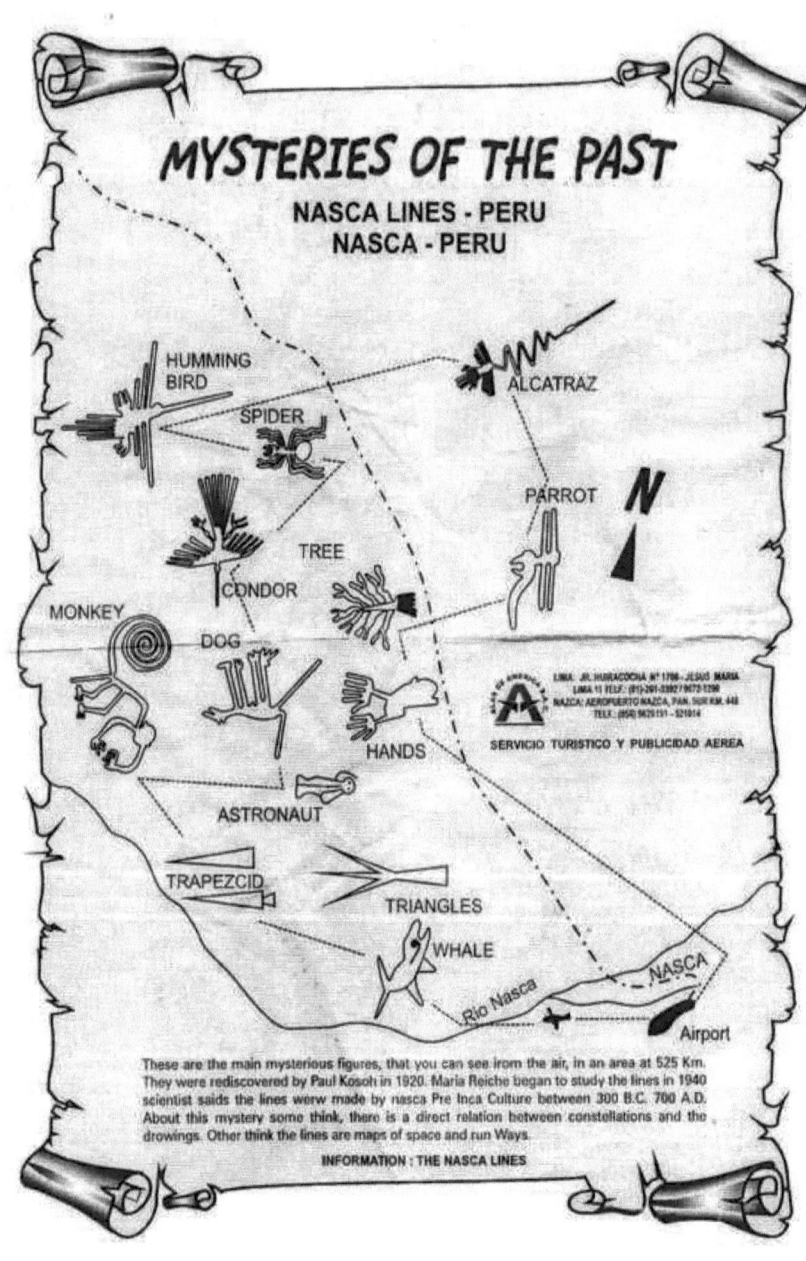

Источник фото: http://stabilost.ru

Но загадки плато не только в изображениях, которых насчитывают 30, но и в 13 000 таинственных линиях и в 700 геометрических фигурах, расположенных на необъятных просторах. Мы приближаемся к первой вышке и взбираемся на нее. Прямо перед нами символ HANDS (руки), а чуть правее TREE (дерево) - посмотрите на картинку выше и вы поймете, где мы находились.

Линии плохо различимы. Борозды, которыми они очерчены, неглубоки – может сантиметров 10. Никто точно не знает кто, когда и для чего начертил эти полосы. Но это было очень давно, от 500 до 1000 лет назад. А может, и больше. Невероятно, как они сохранились... Утверждают, что благодаря уникальному климату.

Информация о наличии линий и фигур является для меня новой – я слышал только про символы, а они не менее удивительны. Идеально ровные полосы пересекают холмы и русла высохших рек и при этом не отклоняются от своего направления (хотя современные геодезические методы не позволяют провести на пересеченной местности прямую линию длиной до 8 километров так, чтобы отклонение не превышало 0,1 градуса). Километрах в трех находится вторая вышка, с нее можно рассмотреть композицию «Семья» и рисунок «Охотник».

Я рассматриваю фигуры и пытаюсь оценить их размер. Их описание как "гигантских" явно преувеличено. В длину они метров 50 (позже я прочитал, что так и есть, самая длинная ящерица – 188 метров). Т.е. начертить их было несложно, весь вопрос «для чего?» На этот счет существует масса гипотез, но все они противоречивы. Представляю главные:

- это гигантский астрономический календарь (как им пользоваться?),
- это диаграмма звездных скоплений (**Д. Хокинс** доказал, что только 20% фигур можно соотнести с небесными ориентирами),
- это зашифрованный текст (нет семантической системы),
- линии означали подземные акведуки или служили ориентирами при передвижении по пустыне (если это так, то почему не обнаружены многочисленные следы ног от проходивших там людей? Вообще ни одного следа),
- это знаки зодиака (почему их 30?),

- их рисовали жрецы для ритуальных целей (сколько надо жрецов и времени, чтобы изрисовать огромную пустыню?)
- Наска - это космодром, а рисунки изображались для пилотов инопланетных кораблей (в смысле, их дразнили так?).

Внимая каждому слову лектора, мы не увидели, как наступил вечер и стало темно. Пришельцы, слушающие лекцию вместе с нами, стали расходиться к своим летающим тарелкам – тут и там раздавались пронзительные звуковые сигналы снимаемых с охраны посредством радиопультов космических кораблей. Мы и не заметили, как остались в одиночестве. Пора и нам возвращаться в поселок. Населенный пункт с одноименным названием словно создан для туристов и объединяет в себе множество отелей и ресторанов. Тем, кому не посчастливилось увидеть геоглифы воочию, предоставляется шанс осмотреть их многочисленные копии по всему городку – на газонах, автобусных остановках, площадях.

Ну и пока вы изучаете фотографии, мы пошли покупать автобусные билеты в Арекипу, так что не скучайте. Навеки Ваши, веселые детективы из Корпорации «Тайна», Шегги и Скуби-ду.

ПЕРУ. ГОРОД АРЕКИПА-ЧИВАЙ

Если Вы спросите меня: «И шо тебе так не хватает в Екатеринбурге, шо ты поперся в Арекипу?», то я отвечу: «В Екатеринбурге мне все хватает, кроме вулканов, каньонов и альпак»!

Вот ради всего этого мы и согласились стойко терпеть все тяготы и невзгоды, которые выпадают на долю путешественника в пути. Наверное, это не всякий сможет понять – думал я, несясь по горному серпантину где-то в западных Кордильерах Анд. На крутых поворотах автобус качало так, что порою падение в пропасть казалось уже чем-то неизбежным. Когда я приходил в себя от внезапно навалившегося сна, открывал шторку на стекле и смотрел в непроглядную тьму, мое сердце замирало от страха и я еле слышно шептал в полумраке автобусного салона: «Только не сейчас, господи, дай мне хотя бы прогуляться по Мачу-Пикчу и увидеть молоткоголовых галапагосских акул». Судя по тому, что в 7 утра мы спокойно въехали на автовокзал города Арекипы, у бога не было на счет моей просьбы особых возражений. Более того, он даже поспособствовал тому, чтобы я успел на шаттлбас, отправляющийся в Чивай. И снова горы, наручные компьютеры показывают высоту над уровнем моря: 2500 метров, 3000 метров, 3500 метров. Мы поднялись достаточно высоко. Замечаем за окном каких-то животных и просим водителя остановиться. Выходим на воздух. У подножия величественной горы мирно щиплют травку викуньи.

В отличие от лам и альпак, которые были одомашнены южноамериканскими индейцами, викуньи также, как и гуанако, живут на свободе. Они изящны и грациозны.

В каком-то смысле, викунья - это символ Перу, ее изображение присутствует на государственном гербе страны.

После короткой остановки путь к горным вершинам продолжается. Альтиметр показывает 4 000 метров, начинаются первые признаки горной болезни. Водитель замечает, что нас колбасит и протягивает листья коки. Это невероятно популярный продукт у индейцев. Кока, несмотря на крайне привлекательное название, имеет очень относительное отношение к кокаину. Водитель рассказывает о том, что технология изготовления всего 1 грамма кокаина предполагает химическую переработку приблизительно 20 килограмм cocaleafs. Пропорции впечатляют. В Южной Америке кока не имеет никакого отношения к наркотикам. Из них делают всевозможные напитки, чай и конфеты.

Но к вывозу за границу листочки строго настрого запрещены. Мы берем горсточку, задумчиво жуем. Утверждают, что они тонизируют и наполняют энергией. Хотя энергия и так из нас плещет как из батареек энерджайзер. За окном появляются **стада лам** – забавные животные!

Из их шерсти в Перу делают разную теплую одежду и продают буквально на каждом шагу. Цены колеблются в зависимости от продавца – на улице копейки, в престижных магазинах до нескольких сот долларов. Кстати, при июньской погоде в горах теплая одежда не лишняя. Ночью температура опускается до минус 2-4 градусов.

Доезжаем до перевала. Высота 4 500 метров. Пошатываясь, выходим из автобуса. Состояние такое, как будто запил стакан водки стаканом спирта. Голова шумит, тошнит, мышцы становятся вялыми. Ощущается нехватка воздуха. Неторопливо прогуливаемся, поглощаем легкими кислород из воздуха. Вокруг нас вулканы, некоторые, такие как Мисти и Чачани, действующие.

Постепенно отпускает, хотя состояние оставляет желать лучшего. Созерцаем мир. Равнина, простирающаяся вокруг, усеяна небольшими пирамидками. Я встречал подобные в Азии (в Камбодже), но так и не понял, для чего их возводят. Обращаюсь с вопросом к водителю. Он называет их башнями (tower) и объясняет, что если индеец имеет какое-то сложновыполнимое желание, то он приходит сюда и складывает из камней такое вот сооружение. Чем труднее задача, тем более сложную конструкцию нужно возводить. Процесс помогает желанию исполниться. Я прекрасно понимаю механизм этого ритуала: балансировка камней требует очень высокой концентрации, значит, сосредотачиваясь при постройке, человек закладывает цель в глубинные слои психики. Это своего рода медитация.

В современной психологии есть похожие техники. Дальше дорога пойдет вниз, значит, будет полегче. Вскоре, вдали показывается небольшой поселок. Это **Чивай**. Проезжаем грандиозные горные склоны, и наконец-то въезжаем в населенный пункт. Здесь мы планируем переночевать, после бессонной ночи в автобусе мечты о теплой кровати кажутся привлекательными. Шагаем по узким улицам и глазеем по сторонам. Окружающая жизнь удивительна и прекрасна.

Встречаем еще одно местное животное, пожалуй, самое миловидное. Это альпака. Смотреть на нее и не умиляться – задача, для многих непосильная. Она просит со мной сфотографироваться и я, конечно же, не могу устоять перед ее очарованием. Черт, куда подевалась моя брутальность?

Пошли мы заселяться, а Вы не забывайте про навеки ваших, очарованных альпаками, Валерия и Глеба из клана Макклаутов.

ПЕРУ. КАНЬОН КОЛКА

«Самый ценный ресурс, которым владеет человек - это время, остальные ресурсы пополняемы». Поэтому, находясь в знаковых местах планеты, я не люблю спать и ходить по магазинам, хотя, иногда это делать все же приходится. «Магазины во всем мире похожи, как солдаты первого года службы, а что касается сна, так всех нас рано или поздно ждет вечное успокоение, так стоит ли размениваться на это сейчас, тем более, наверняка получится поспать где-нибудь в очередном автобусе!» – подумал я, вставая с постели. Пара таблеток, снимающих симптомы горной болезни, которые мы благоразумно купили заранее, с глухим стуком ударились о стенки пустых желудков. Пора...

Погода, меж тем, менялась прямо на глазах. От 29 градусов на солнце, так радующих нас днем, остался ноль без палочки, в буквальном смысле слова. Помимо того, что атмосферный столб бессовестно ослабил свое воздействие почти в два раза, превратив привычные 19 тонн воздуха, ежедневно давящие на наши плечи, в какие-то жалкие десять тысяч килограмм, еще и эта напасть. Но, согласитесь, потеря 9 тонн и 29 градусов это не повод печалиться, особенно когда в сумках упакованы горнолыжные куртки. Да чего уж там, что бы увидеть красоту Анд, я еще парой тонно-градусов готов пожертвовать.

А знаете, кстати, чем Анды отличаются от Кордильер? Почему говорят «Кордильеры Анд»? Вот я лично не знал. Оказывается, Кордильеры (в переводе с испанского Cordilleras – «горные цепи») это величайшая по протяженности горная система земного шара, простирающаяся вдоль западных окраин Северной и Южной Америки. (Длина — более 18 тыс. км., расположена на территории Канады, США, Мексики, государств Центральной Америки, Венесуэлы, Колумбии, Эквадора, Перу, Боливии, Аргентины и Чили). Вся система Кордильер делится на 2 части — Кордильеры Северной Америки и Кордильеры

Южной Америки, или Анды. Они начали формироваться еще в юрском периоде и этот процесс до сих пор не завершен, отсюда постоянные землетрясения и извержения вулканов.

Ну а там, где вулканы, всегда есть термальные источники. **Чивай**, в данном случае, не стал исключением и это было для нас счастливой возможностью согреть, хотя бы и ненадолго, уже начавшие синеть тела. Иной способ мог представиться не скоро – в комнатах по понятным экономическим причинам центральное отопление отсутствовало как класс, а маленький безобидный обогреватель выглядел на фоне грозных утесов жалким и беспомощным. Так что пренебрегать таким природным подарком было бы опрометчиво. Термальные источники выглядели вполне оборудованными и цена в сто рублей за счастье побарахтаться в горячей воде казалась несопоставимой. Выбивая зубами барабанную дробь, мы скинули одежду и прыгнули в бассейн. О боже, какое блаженство. Если бы у меня был спасательный жилет, я бы спал в воде.

Так мы плескались и нежились в согретой лавой водичке, а таблетки, которые мы проглотили в отеле, все громыхали и перекатывались в пустых желудках. И это продолжалось до тех пор, пока мы не прекратили притворяться, что эти оглушительные звуки нам совершенно не мешают. И тут термальные воды расступились, а мы наперегонки ринулись натягивать на себя разнообразные предметы гардероба, дабы вода не успела сковать наши плечи тонкой корочкой льда. Путь до ресторана мы преодолели в молчании.

Ресторан с недвусмысленным названием **«Тусуй Вади»**, казалось, только нас и ждал. Едва мы заняли места за столиками, оркестр дал туш! На самом деле, конечно, музыканты заиграли залихватскую Перуанскую народную музыку, в которой струнные и духовые выдавали такую невероятно гармоничную мелодию, что если бы не абсолютное расслабление всех мышц после горячих источников, я точно присоединился бы к отплясывающей паре в национальных костюмах.

Традиционная одежда очень забавна, особенно мужской головной убор, который удерживается на голове носом. При этом женский и мужской гардероб похожи до такой степени, что с первого взгляда иногда половую принадлежность разобрать очень сложно. На деле, дифференциальный гендерный экспресс-анализ нужно проводить по головному убору. У девушек на голове - легкомысленные шляпки. А у мальчиков вместо шляп - декоративный колпак от торшера :-)

Почти во всех местах, за исключением крупных городов, народ одевается очень ярко и броско, в костюмах преобладает огромное количество традиционных индейских элементов. У женщин часто волосы заплетены в длинные косы и на голове посредством какого-то волшебства удерживается кокетливая шляпка. За спиной, подобно вьючным животным, индианки таскают громоздкую котомку. Что у них там хранится, не понятно. То ли приданное, то ли домашняя библиотека, но иногда ценной поклажей является малыш.

Мужчины же не столь колоритны и от европейского гардероба, порою, их отличает лишь сомбреро, мужественно надвинутое на лоб.

Ночь выдалась холодной, к утру температура опустилась еще на 4 градуса. Было принято спать в одежде и куртках, но сон, тем не менее, восстановил силы и утром мы выглядели, как огурцы на грядке. Забираемся в автобус и продолжаем наш путь. Куда мы движемся? Пока это секрет, посмотрите лучше, какие интересные существа встречаются нам по дороге.

На остановках я взбадриваюсь популярным в этих краях коктейлем **Pisco Sour**. Pisco - это местный крепкий алкогольный напиток, производимый из мускатного винограда, что-то вроде чачи. В коктейле он смешивается с сахарным сиропом, яичным белком и лаймом. Иногда вместо лайма добавляют плоды кактуса. Получается очень даже неплохо. Коммуникативные навыки после двух-трех стаканчиков заметно совершенствуются. Тянет пообщаться с альпаками.

Так, нескучно и познавательно, мы добрались до конечной точки маршрута. Хотите знать, какой? Ожидайте следующий репорт. А мы на этом крепко жмем вашу лапу (а также копыто, плавник или ладошку - это уж кому что бог дал). Навеки ваши, андские (адские) интриганы, Валерий и Глеб.

ПЕРУ. УЩЕЛЬЕ КОНДОРОВ

Каньон Колка - это один из самых глубоких в мире каньонов, его глубина - 3400 м. Он образовался в результате сейсмической активности двух вулканов, находящихся поблизости: **Сабанкайа**

(Sabancaya) и **Уалка Уалка** (Hualca Hualca). Это потрясающее место по всем пунктам и критериям, но одно из самых невероятных, немыслимых впечатлений можно получить, наблюдая за парящими над бездонной пропастью кондорами.

Увидеть кондоров можно с самой высокой точки Каньона – смотровой площадки **Ла Крус дель Кондор** (La Cruz del Condor), которая и являлась конечной точкой нашей предыдущей поездки. Находится она двух часов езды от города **Чивай**.

Погода была солнечная, и представление, которое нам посчастливилось наблюдать, я буду помнить до самой смерти, потому что зрелищ, которых, по своей величественности, можно сравнить с увиденным, в жизни встречалось немного. Мы нашли для себя удобные места и уселись, болтая ногами над пропастью. В безбрежном океане скал и остроконечных утесов, изрезанных хребтами гор, словно паруса стремительных фрегатов, парили царственные птицы.

Полет этих удивительных существ завораживает, погружает в транс. **Кондор** – самая крупная летающая птица в Западном полушарии, размах его крыльев почти 3 метра. Я не сразу понял, почему вид кондора, плавно парящего в восходящих потоках теплого воздуха, буквально гипнотизирует. И лишь позже, прочитав про особенности их анатомии, я осознал, что он может кружиться среди ущелий по 30 минут, не сделав ни одного взмаха крыльями. Кондоры – исчезающий вид, они занесены в Красную Книгу, поэтому каждая особь идет на счет. В этом месте каньона живет 70 птиц.

Удивительно, но если рассматривать кондора вблизи, то вряд ли кто-то назовет его привлекательным. Его вид весьма отталкивающий, к тому же, он питается падалью. Но царственный полет абсолютно меняет впечатление. Получается два совершенно независимых друг от друга образа. Он считается национальным символом шести южноамериканских стран, причем его изображение присутствует на гербах Чили, Эквадора, Боливии и Колумбии.

Легендарный и узнаваемый образ имеют самцы, оперение самок немного в другой гамме и менее контрастно. Я поражаюсь, до чего же терапевтичными оказываются последствия обычного созерцания вида живой природы. Уже через час я почувствовал себя отдохнувшим, наполненным силой и энергией. Как чудесно и тонко взаимодействуют человек и вселенная!

Растительный мир Анд не менее восхитительный. К цветам иногда подлетают какие-то маленькие птички, по-моему, колибри, и, вцепившись в бутон, начинают свою трапезу. Черт, до чего же поразителен этот мир!

Время пролетело, как обычно, быстро, пора собираться в обратный путь. Спасибо тебе, великий каньон Анд, за то, что поделился со мной своим спокойствием и мудростью. Надеюсь, что я еще вернусь сюда, чтобы слиться с твоей безмятежностью. Кстати, **Cuntur** в переводе с языка кечуа означает «птица кондор», а словосочетание **Cuntur hina purik** — великий путник. Итак, мы снижаем высоту, прощаемся с вами до новой встречи, а также желаем вам поменьше бессмысленно махать крыльями и побольше парить над проблемами на воздушных потоках вашего разума. Навеки Ваши, Cuntur hina purik Валерий и Глеб.

ПЕРУ. ГОРОД ПУНО, ОЗЕРО ТИТИКАКА

В 80 годы, чтобы прослыть остроумным, ученику средней школы достаточно было сказать на уроке географии слово «Титикака». За этим следовал такой шквал эмоций, что учителю приходилось применять все силы для того, чтобы успокоить класс. И вот я прибыл к этой самой Титикаке, в город Пуно.

Это одно из самых больших в мире высокогорных судоходных озер. Чтобы добраться в **Пуно** из города **Чивай** на микроавтобусе мне потребовалось около 6 часов. В город мы приехали затемно и первым делом пошли устраиваться на ночлег. После непродолжительных усилий я нашел хостел без особых затей, за него попросили 500 рублей - то, что надо! Пуно оказался очень популярным, много путешественников и соответственно туристическая сфера развита хорошо: отели, рестораны, магазины. Главная площадь, конечно же, называется «Арсенальная» и собор на самом почетном месте.

Следующий день я решил посвятить исследованию озера, поэтому первым делом купил билеты на пароход, ценой 400 рублей. Чем занять себя на озере, я отчетливо не представлял и решил довериться случаю – пусть везут нас по любому маршруту. Иллюзий каких то особенных я не питал, необыкновенных животных в нем не числится, температура воды – градусов 7 (в него впадает 25 рек, стекающих с ледников), но согласитесь, проигнорировать Титикаку было бы как-то некорректно, я бы даже сказал, оскорбительно. Утром, как обычно, ни свет, ни заря, мы вылезли из под тонких одеял в морозную свежесть комнаты.

Катер, уже ждавший нас, неторопливо отчалив от пристани, медленно и печально потитикакал вдаль от берега. Самый стандартный маршрут - это посещение островов Урос и Такиле. Я не могу сказать, что озеро какое-то необыкновенно красивое, наш Екатеринбургский Таватуй, на мой взгляд, не уступает ни чем. Хотя, конечно, если представить огромное как море водное пространство на высоте почти 4 000 метров, то это само по себе удивительно. Но, пожалуй, напишу обо всем по порядку. Итак, Урос! Конечно, у меня есть сильное искушение написать такой вариант местной легенды: как Эрос потерял в воде то, что обычно показывают урологу и, памятуя про это событие, местные жители дали такое имя острову, но вы сразу меня раскусите. Правильно, откуда бы индейцам знать про Эроса! И тем более, откуда у Эроса этот самый Урос, если на всех картинках у него один только лук со стрелами? Поэтому не буду злоупотреблять вашим доверием и скажу правду. Урос - это индейское племя, по-видимому, очень некоммуникабельное, т.к. около тысячи лет назад они смотались с земли от инков, построили острова из соломы, привязали их к тростниковым стеблям и начали, как говориться, жить-поживать, да добра наживать. И так им это дело понравилось (острова из соломы строить, а не добро наживать), что в наше время таких плавучих баз существует аж 40.

Индейцев так увлекла идея созидать соломенные острова, что они наловчились применять этот экологичный материал для строительства домов, лодок и игрушек. В сделанную из соломы Sony Playstation-3 дети вставляют соломенные диски и, безупречно оперируя соломенными джойстиками, целыми днями режутся в видеоигры на соломенных телевизорах. Ага, врешь! – скажите вы, откуда же на таком крошечном острове электричество? А вот и не вру! - мгновенно парирую я, электричество ко всем приборам поступает от солнечных батарей, прямо по соломенным проводам. Не верите, съездите и сами посмотрите.

А если серьезно, представляете себе подобную жизнь? Из поколения в поколение существовать в таких условиях – непостижимо. Но дети вырастают и с малых лет видят вокруг себя привычную картину безбрежных вод. Мало того, что без лодки не пойдешь прогуляться, мало того, что попробуйте зимой в соломенных домах без отопления переночевать, если температура воды никогда не поднимается выше 11 градусов, так еще и остров нужно время от времени реставрировать - раз в неделю приходится настилать новый соломенный слой.

К тому же, психологический климат на островке должен быть как у космонавтов – ведь на таком маленьком участке живет приблизительно 4 семьи! И так год за годом, десятилетие за десятилетием! А ведь жить на суше никто не запрещает. Это ли не блестящая демонстрация силы привычки?

Но племя считает, что их происхождение идет от богов и не собирается менять жизненный уклад. По легенде, богиню доставил на Землю светящийся шар, который светился так ярко, что на него было невозможно смотреть. На Землю вместе с небесной посланницей -

богиней, научившей Уросов разным знаниям и полезным навыкам, прибыли сорок ее детей. Среди них были первый Инка – **Манко Капак и Мама Окпьо** (Мама - это имя), которая потом стала его женой. Богиня позже вернулась на небо, а ее дети ассимилировались и расселились по земле. Загадочная женщина была очень высокой и на руках у нее было четыре пальца.

Интересные факты про индейцев Урос:

• Тур Хейердал приглашал перуанских лодочников в Египет – строить плот для своей экспедиции.
• В 1986 году на Титикаке случилось ужасное наводнение (250 000 живших на суше индейцев пострадали). Для того чтобы задобрить духов Манко Капака и Мамы Окпьо, был принесен в жертву местный житель. Говорят, он держался с огромным мужеством и даже испытывал гордость за то, что именно он спасет своих соплеменников от бедствия.
• У индейцев Урос широкие ступни, чем-то похожие на ласты (ну или на лапы уток).

История острова **Такиле** не менее захватывающая. Название свое он приобрел по фамилии испанского дона, получившего остров в собственность во времена конкисты. С того времени прошли столетия, наследникам, не нашедшим ни газа ни нефти на затерянной земле, остров был, мягко сказать, на фиг не нужен. И тут, о чудо, проживающие на нем индейцы предложили его выкупить и после всех необходимых формальностей создали тут государство в государстве. 3000 человек живут здесь одной общиной и ни от кого не зависят. Что бы прогуляться по их владениям, нужно заплатить небольшой туристический сбор.

На острове нет никаких признаков цивилизации – дорог, электричества, электроприборов, федеральной власти. Всем рулят старейшины, имеющие отличительный знак – черные шляпы.

Остальные жители одеваются в соответствии с традицией, а расцветка головного убора определяется его семейным статусом.

Например, человек в розовой шапочке - 100-процентный женатик, а значит, не сможет, подлец, дурить головы наивным и доверчивым девушкам, рыскающим днем и ночью по каменистым холмам в поисках тихого семейного счастья. Но если охотнице посчастливится выследить жертву и вонзить в нее клыки... ой блин, оговорился, выследить жертву и убедить его в любви, то торжествовать победу рано. Прежде, чем отношения станут законными, паре придется прожить вместе четыре года и лишь после этого они могут скрепить узы брака. А далее, наивным и доверчивым девушкам остается только выть на луну в бессильной ярости долгими и холодными ночами, потому как штамп в паспорт бедолаге-жениху никто не поставит, ведь никаких паспортов у островитян нет. Такую вот титикаку подбросили наивным и доверчивым девушкам бессердечные старейшины. Мы высаживаемся с корабля и начинаем восхождение на вершину.

Перенаселенные мегаполисы остались далеко-далеко, вокруг нас звенящая тишина, синее небо и чистейший воздух. Но бдительность терять нельзя, ведь за любым кустом может скрываться наивная и доверчивая девушка – на нас нет головных уборов и нас ошибочно могут принять за лакомые кусочки – ведь у нас есть паспорта, а в них места для штампов.

Напоследок мы устроили на **Такиле** небольшой пикник – местные жители приготовили свежайшую форель, которую мы съели с огромным аппетитом. Обратный путь был утомителен – почти 3 часа. Титикака, конечно, место, окутанное легендами: потопленное золото инков (Жак

Ив Кусто безрезультатно искал его на подводной лодке), затопленный город **Ванаку**, который, как утверждают, был построен инопланетянами, и много других чудес. Но все это, по сути, всего лишь информация и предания седой старины, с которыми можно ознакомиться, читая мой блог и не вылезая из уютной постели. Так что ожидайте новых историй, которых у меня вагон и маленькая тележка.

Навеки ваши, народные перуанские сказители, Валерий и Глеб.

ПЕРУ. ГОРОД КУСКО

Мы до такой степени привыкли спать в автобусах, что даже не поняли, как оказались на Пупке Земли. Именно так (пупок, он же центр) с языка кечуа переводится название древнейшего города Земли – **Куско**.

В наше время пупки государств называет более скромным словом «столица», хотя столичным жителям не всегда про это известно и порою они продолжают вести себя как настоящие пупки. История **Куско** логически продолжает легенду о неких существах, прибывших в большом светящемся шаре на остров солнца, расположенный на озере **Титикака** (после Перу, кстати, я морально готов не просто верить в инопланетян, но и контактировать с ними). В общем, дело было так. Когда-то, хрен знает когда, а может даже раньше, люди жили как животные – ели всякую фигню, жили в пещерах и разгуливали голыми. Нам это время известно как каменный век. **Бог солнца Инти** с небес смотрел на все это и в тихой грусти качал головой, т.к. у него даже слов не было для такого безобразия.

Впрочем, его бы никто и не понял, т.к. разговаривать земные типы не умели. Когда божественное терпение лопнуло, он послал одну из богинь на озеро Титикака, и она взялась воспитывать индейцев Уроса, как Мальвина воспитывала Буратино. Следующая с ней пара, состоящая из брата и сестры, направилась на север, чтобы облагодетельствовать тупиц из пещер (короче говоря, полномасштабное инопланетное вторжение).

Чтобы эффективней учить их культуре, **Манко Копак и Мама Окпьо** (имя брата и сестры) должны были основать столицу. Инти вручил им золотой посох и сказал следующее: – «От большого озера, к которому вы спуститесь, ступайте на север. Каждый раз, когда вы будете останавливаться, чтобы поесть или поспать, втыкайте этот посох в почву. Там, где он воткнется без всяких усилий, вы построите Куско и будете править Империей Солнца». Быстро сказка сказывается, не быстро дело делается – идут Манко с Мамой, а напуганные и любопытные люди наблюдают за ними из укрытий и офигевают - ведь дети солнца были одеты в сияющие одежды и выглядели как топ-модели на пред-а-порте в Сомалийской деревне. И вот однажды посох таки вошел в землю – именно здесь надлежало построить Куско, середину мира, столицу Империи Солнца.

На беду, здесь располагалось **поселение племени Савасеро Панака**. В божьи планы это никак не входило, поэтому пришлось все уничтожить и начать строить культуру (правительство США, видимо, прочитав это сказание, таким же образом строит по всему миру демократию). Созданной империей правили Манко Капак и Мама Окпьо, ставшие мужем и женой. Кстати, так началась традиция, по которой император-инка должен был жениться на своей сестре. Вот в таком мифическом месте мы оказались. В Перу, знакомясь с местным эпосом и сравнивая его со сказаниями других стран, я абсолютно убедился, что:

- всемирный потоп был,
- до потопа на Земле жили люди, которые в результате катастрофы были отброшены в развитии на тысячи лет назад. Так что, скорее всего, каменный век был на свое время не шаг вперед в развитии, а шаг назад от предыдущего уровня,
- какие-то существа все же взаимодействовали с жителями Земли. Кто это был, инопланетяне или оставшиеся в живых после апокалипсиса "атланты", не ясно.

Зато совершенно очевидно, что меня унесло в сторону от основной темы. Так что возвращаюсь.

Куско - это священный город для индейцев Перу. Размер у него весьма компактный, а численность населения немногим более 300

тысяч. Находится он на высоте 3 400 метров над уровнем моря – кому-то высоко, но мы, спустившиеся с гор (в прямом смысле этого слова) на 1000 метров, кайфовали. Испанцы, захватившие город, строили новые здания на фундаментах инков. На инкских основаниях в Куско стоят не только католические храмы (собор в стиле испанского ренессанса стоит на древнем каменном основании индейского храма **Инка Виракочи**), но также армейские бараки и здание полиции. А на месте главного **Храма Солнца Кориканча** – церковь святого Доминика. Когда в 1959 году в Куско произошло сильное землетрясение, стены католического храма треснули и под ними стала видна каменная кладка доколумбовой эпохи.

Кориканча дословно переводится как «Золотой храм». Отчеты испанских конкистадоров рассказывают удивительные истории о сверкающем дворце, сплошь покрытом сусальным золотом с бесчисленным количеством золотых и серебряных статуй, растений и животных в натуральную величину во дворе. В дополнение к сотням золотых панелей и фигур, по центру располагался алтарь в форме огромного золотого диска. Во время летнего солнцестояния, диск отражал солнечный свет, освещая нишу храма, где восседал вождь инков.

Уровень строительных технологий ставит в тупик, как, впрочем, во всех загадочных местах планеты. Как просверлить каменные блоки без сверлильных машин?

А смогли бы современные строители сделать такую вот заплатку на стыках огромных плит? При этом заметьте, плиты просто положены одна на другую без использования строительных смесей или цемента. Ровно? То-то же!

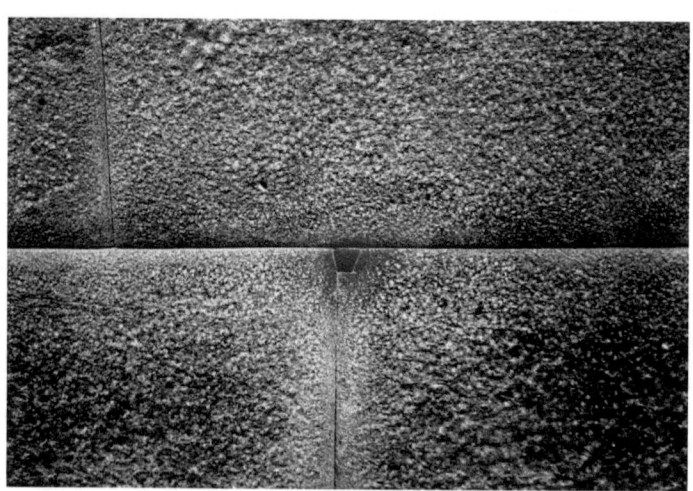

В общем, как совершенно верно пела мартышка в гениальном советском мультике про 38 попугаев:

«На свете много есть того,

Про что не знают ничего

Ни взрослые, ни дети!

И это вовсе не секрет,

Когда секрета вовсе нет,

Скучают все на свете!

А почему? Да потому, что

Ужасно интересно

Всё то, что неизвестно!

Ужасно неизвестно

Всё то, что интересно!»

Да, государство Инков было очень развито, и местные жители гордятся своим происхождением не напрасно. Империя, которую начал строить **Манко Копак**, называлась **Тауантисуйю** (на языке кечуа, означает «четыре стороны света, соединенные вместе»), была разделена на 4 части, в центре которых находилась их столица. При покорении соседних племен инки, с одной стороны, использовали свою мощную армию, а с другой стороны, привлекали к себе элиту покоряемых регионов.

Прежде чем предпринимать военные действия, инки трижды предлагали правителям покоряемого региона добровольно присоединиться к империи. Они заставляли завоеванные племена изучать язык кечуа, насаждали свои обычаи и вводили свои законы. Местная знать и жречество сохраняли своё положение, а отправление местных религий не возбранялось, при условии обязательного поклонения общеимперскому богу Солнца Инти. Инки уделяли большое значение сохранению местных народных промыслов и костюма, дабы по платью любого жителя Тауантинсуйю было легко определить его происхождение и социальный статус – ну чем не принципы Великой Римской Империи?

Для инков было характерным разделение власти и общества на воинов и не-воинов. Главными полководцами и военачальниками были либо правители Империи, либо назначенные ими люди из правящего этноса — инков. В Куско началась история Великой Империи Тауантисуйю, здесь же она и завершилась. Это произошло в 1572 году, когда испанские конкистадоры на главной площади города коварно обезглавили последнего представителя Инкских правителей – **Инку Тупака Амару**. Началась новая эра.

Я много читал про то, как испанцы под предводительством **Франциско Писсаро** завоевали империю инков, но эта история до такой степени невероятна, что в нее сложно поверить. К сорока годам Писсаро достиг многого, он был богат, известен и влиятелен (дорос до должности губернатора Панамы) - можно было признать, что жизнь удалась, оставить дела и наслаждаться. Но он вместо того, чтобы почивать на лаврах, снарядил три корабля и поплыл искать новые авантюры.

Говорят, что его вдохновляли подвиги **Кортеса**, который, кстати, приходился ему кузеном. Он высадился на территорию империи инков с отрядом, состоящим из 180 пехотинцев и 27 всадников и начал полномасштабную войну. Против него выступило сотни тысяч солдат и, хотя Писсаро не обладал даром великого полководца или дипломата, он одерживал одну победу за другой.

Так что 300 спартанцев - это не единственный пример мужества и отваги в истории. Утверждают, что оспа, завезенная европейцами на континент, сильно облегчила военную миссию конкистадоров, что многих индейцев удалось завербовать на свою сторону, но все же...

Чуть более двух сотен бойцов на незнакомой земле против дисциплинированной армии в многочисленных сражениях!!! Действительно, смелость города берет! Конечно, испанцы не отличались мягкостью нравов, кровь лилась рекой – индейцев четвертовали, сжигали живьем, пытали, но корабли, нагруженные золотом, отплывали и отплывали от берегов в сторону Европы.

Статуя Христа, возвышающаяся на холме, простирает руки над городом.

По-моему, он недоумевает, как его учение о любви смогли извратить, чтобы оно послужило идеологией кровопролития, насилия и грабежа. А Писсаро закончил свою жизнь печально. Он кинул, а позже казнил своего друга и соратника **Диего де Альмагро** и преданные Альмагро люди убили Франциско в его же дворце. Великому разбойнику было 63 года.

Вокруг города существует масса интереснейших мест, отсюда можно выйти в четырехдневный пеший маршрут на тропу инков, отправиться в национальный заповедник Ману или всемирно известный город-легенду Мачу-Пикчу. Но сам по себе Куско - замечательное место, причисленное ЮНЕСКО к Всемирному Наследию.

Он необычайно популярен у всех жителей планеты, поэтому туристический поток сюда не иссякает. Куско одинаково красив и днем и ночью. Множество ресторанов за весьма умеренную плату предложат высокую кухню и изысканные деликатесы. А на улицах можно отведать традиционные блюда, например, жареную морскую свинку. Местные жители называют ее неприличным словом куй.

Говорят, что по вкусу она напоминает курицу. Я не большой любитель куриц, но зато обожаю рыбу, так что экстравагантную еду так и не попробовал.

На следующий после нашего прибытия день началось празднование одного из наиболее важных в Перу праздников - **Инти Райми**, дня солнца. Мы стремились в Куско, чтобы принять участие в народном гулянии. На деле торжество оказалось похожим на стандартное массовое праздничное мероприятие, например, как день города в Екатеринбурге, только костюмированное.

Хотя, с другой стороны, чего я ожидал? Массового стриптиза или опыления кокаином городской площади с самолетов малой авиации? Короче говоря, праздник как праздник. Так что, за великого Инти, как говорится! И не закусываем! Настоящие Перуанцы после первой не закусывают! И после второй, наверно, тоже...

Короче пьем и не закусываем! Ваши ваще навсегда!

Глеб и ... О! А кто это рядом с ним?

P.S. Блин, все же закусывать нужно было хотя бы после второй - я ж на самом деле никакой не перуанец, а русский. А то ведь родная мама не узнает на фотографии.

P.P.S. Не, это все же не я. А то кто бы тогда фотографировал?

P.P.P.S. Ты меня уважаешь? Вот я тебя уважаю! Значит, мы уважаемые люди!

ПЕРУ. УАЙНА ПИКЧУ

Одна из главных достопримечательностей Перу это - **Мачу Пикчу**. Он попал в список «7 новых чудес мира», составленный некоммерческой организацией **New Open World Corporation** (NOWC) по инициативе швейцарца **Бернара Вербера**. Помимо Мачу Пикчу в рейтинг вошли следующие архитектурные сооружения: **Великая Китайская Стена, Римский Колизей, Тадж-Махал (Индия), город Петра в Иордании, Статуя Христа в Рио-де-Жанейро (Бразилия), и Пирамида Майя в городе Чичен-Ица (Мексика).** Для меня же это шестое чудо, увиденное собственными глазами. А что такое Уайна Пикчу? – спросите Вы. «Спокойствие и только спокойствие» – процитирую я Великого Карлсона. Читайте репортаж и все поймете.

Мачу Пикчу, на самом деле, вовсе не название затерянного в горах таинственного города. Настоящее название потеряно в веках. Мачу Пикчу - это название горы, рядом с которой он расположен, а Уайна Пикчу, соответственно, это еще одна горная вершина, находящаяся поблизости с мистическим местом. Она видна на всех культовых фотографиях перуанской легенды. Ну а дальше буду рассказывать по порядку.

Купить тур в Мачу Пикчу можно во всех туристических местах страны, но так как расположен он в непосредственной близости от города Куско, логично там же и заниматься его приобретением. Недавно правительство Перу установило дневной лимит на посещение археологического комплекса – около 2500 человек. А на Уайна Пикчу и того меньше – 400 любознательных в день. Билеты можно купить онлайн на официальном сайте, вот его адрес: http://www.machupicchu.gob.pe/ Сайт исправно выдает информацию, что на ближайшие пять-шесть дней билеты проданы - не верьте глазам своим. Скорее всего, это маркетинговая уловка, формирующая ажиотажный спрос. А вот на Уайна Пикчу можно реально не попасть.

Но деньги, как известно, являются ключиком, открывающим многие двери, и Южная Америка не стала тому исключением. В первых пяти турагентствах Куско меня огорчили, объявив о невозможности посещения горы в желаемые даты. Зато в следующем, агент, очаровавшись мелодичным шуршанием американских долларов, совершил чудо. Сошлись на добавке к прайсу в 60 зелененьких. И вот ранним утром следующего за праздником солнца дня началась длинная дорога к чуду. Добраться до чуда, конечно же, не так просто. Первонаперво нужно достигнуть городка **Ольянтайтамбо** (Ollantaytambo), на такси, автобусе или туристическом шаттл-басе. Времени в пути около 2 часов. Далее от железнодорожной станции поездом до деревни **Аква Кальентес** (Aguas Calientes). Поезд - это единственный (исключая пеший) способ туда добраться. На железнодорожной станции в Ольянтайтамбо существует одна ветка. Осуществляется несколько рейсов в день. Поезд переполнен, о билетах нужно беспокоиться заранее.

Поездка в поезде доставила нам массу эстетического удовольствия.

90 минут пути вдоль горной речки **Урубамба** пролетят незаметно, если вы уставитесь в окошко и погрузитесь в невероятно живописный пейзаж. В сезон дождей, Урубамба, разливаясь, превращается в бушующего монстра, который может причинить немалый ущерб постройкам, находящимся на ее берегу. На откосах пролетающих мимо гор видны древние инкские постройки.

Чтобы насладиться экскурсией без спешки мы решили заночевать в городке Аква Кальентес, хотя это и не городок даже, а туристический центр, состоящий из ресторанов, отелей, массажных салонов и магазинов. Такое название поселок получил из-за находящихся тут горячих источников. В Аква Кальентес тепло. Мы обедаем и устраиваемся на ночлег.

Просыпаться пришлось рано - в восемь утра нужно уже быть на входе к Уайна Пикчу, а это неблизко. Вход к руинам находится высоко на горе, чтобы добраться туда пешком, придется затратить несколько часов и приличное количество сил. Мы используем систему рейсовых автобусов, которые совершают челночный маршрут на вершину и обратно. Уже с шести утра на остановке собирается серьезная очередь из желающих попасть в загадочный город. К пропускному пункту успеваем вовремя. Проход на Уайна-Пикчу осуществляется в две группы по 200 человек – в 8:00 и в 11:00. В случае опоздания контролеры скорее всего вас не пропустят. И вот мы начинаем покорение горной вершины.

Наверх ведут узкие «козьи тропы», которые зигзагами петляют через весь маршрут. У нас на спинах тяжелые рюкзаки, мы карабкаемся по камням, стойко превозмогая «тяготы и лишения». Я считаю, что мы вполне тренированы и находимся в хорошей физической форме. Однако приблизительно через час силы начинают нас покидать. Поднялись мы уже достаточно высоко – вокруг вершины гор и облака, где то в расщелине змеится, поблескивая на солнце, небольшая речка.

Иногда мы делаем короткие остановки, для того, чтобы насладиться моментом и запечатлеть на камеру эту невероятную красоту. Я прямо чувствую, как от этих скал веет какой-то необъяснимой мощью. Вот это зрелище!!!

И вот, наконец-то во всей красе перед нами предстает Мачу Пикчу. Хорошо, что мы отправились в Перу именно в этом сезоне. Сейчас ясно и город, лежащий далеко внизу, виден идеально. В другое время облака могут свести видимость к нулю. Объектив позволяет сфотографировать отдельные постройки.

Но это еще не конец маршрута. Продолжаем восхождение. Мы весело топаем, а ветер задорно дует прямо в лицо. Почему-то, когда ты в горах, дует всегда в лицо. В моей жизни был единственный случай, являющийся исключением из правил – тогда ветер дул в спину, потому что он был таким холодным, что я шел спиной вперед. Вообще, случается такое, что ветер дует сразу со всех сторон одновременно, это происходит, если вы упали в пропасть. И вот, спустя еще час, мы добираемся до каких-то древних построек.

Их назначение неизвестно, есть гипотезы, что жрецы поднимались сюда для того, чтобы производить астрономические наблюдения. Но как это вообще возможно, черт побери, построить что-то на такой высоте? Какие секреты были известны тем, кто возводил эти стены?

Последний рывок через узкий лаз и мы выбираемся на самую вершину. Вид фантастический. Забегая вперед, могу сказать, что на меня произвела большее впечатление именно Уайна Пикчу и экскурсия к загадочным руинам без нее была бы незавершенной.

Правда, устали мы так, что чувствовали себя как солдаты, дошедшие до Берлина во Второй Мировой.

На этом мы ненадолго прощаемся с Вами, надо спускаться вниз. Нас ждет экскурсия по руинам Мачу Пикчу. Навеки Ваши, альпинисты-любители Валерий и Глеб.

ПЕРУ. МАЧУ ПИКЧУ

В 11:00 у нас была назначена встреча с экскурсоводом у входа в археологический парк. Когда мы спустились с вершины Уайна Пикчу, нам пришлось столкнуться с непредвиденными обстоятельствами.

Если вы видели фотографии из предыдущего репортажа, то наверняка заметили, что Мачу Пикчу располагается на крутом склоне горы. А маршрут по руинам предполагает кольцевое одностороннее движение.

Т.е. охранники, стоящие по периметру, не пропустят вас по хаотичному направлению, а заставят придерживаться основного туристического потока. Поэтому нам пришлось спуститься вниз, обогнув инкский город по нижней части. Таким образом, мы взобрались на Уайна Пикчу и спустились вниз, а так же совершили один круг вокруг затерянного города. И нам нужно пройти еще один. Забегая вперед, я скажу, что устали мы как рабы на галере, но то, что мы увидели, услышали, а позже дополнили фактами и историческими материалами из книг, сложилось в невероятный отчет, который вы сейчас читаете.

Прямо скажем, букв получилось много, уменьшить объем не получилось. Я прекрасно понимаю, что современный человек новейшей эры имеет проблемы с чтением - для многих осилить более одной страницы в день дело немыслимое. Но тот, кому небезразлична история нашей цивилизации, кто любит тайны и загадки, не пожалеет о времени, потраченном на мой репортаж.

Итак, когда экскурсовод нас увидел, мы выглядели как солдаты Наполеоновской армии после отступления из Москвы. Критически осмотрев наши подрагивающие колени, специалист по инкской культуре высказал опасения относительно туристического здоровья, чем прямо таки задел за живое – «Русские не сдаются, рассказывай давай про своих индейцев». «Ну, ладно, сами напросились» – вздохнул гид, и мы поплелись наверх по уже привычному маршруту.

Главный специалист по инкам нарушил мои размышления рассказом о давно минувших веках. Более трехсот лет Мачу Пикчу был не более чем легендой.

И лишь в начале XX века миф стал реальностью, американский археолог Хайрам Бингем после нескольких лет поисков обнаружил его высоко в горах. Я видел фотографию тех времен, тогда город скрывали от глаз густые заросли леса. Говорят, что ученому помог найти дорогу местный мальчишка за плату в 1 соль (1/3 доллара).

Насколько прибыльна была эта инвестиция посчитать трудно, если учесть, что счастливчику удалось вывезти из Перу 4000 артефактов. Правда, в настоящее время многие из них возвращены государству.

Лекция про Мачу Пикчу, конечно, была интересной, но еще более интригующей она представляется, если учесть, что вся имеющаяся информация про таинственный город - не более, чем предположения. Доподлинно про него не известно ничего, ведь инки не знали письменность. Последние из населяющих его жителей умерли много столетий тому назад, а испанцы, несмотря на все усилия, его не нашли. Предполагается, что тут находилась резиденция инки **Пачакутека** или некий священный город жрецов-служителей культа солнца.

Насчитывается около 200 построек, в основном хозяйственного назначения. Исследователи выдвинули гипотезу, что количество проживающих тут жителей составляло чуть более тысячи.

Причем пропорция соотношения женщин к мужчинам, судя по найденным скелетам, была 10 к 1. Именно это пропорция легла в основу теории о культовом назначении города со жрицами-девами.

Жители занимались сельским хозяйством – местные умельцы строили на крутых склонах горы террасы, наполняли их плодородной почвой, которую они доставляли сюда из речной долины. Стены террас укрепляли известняком или каменными блоками. В некоторых местах плодородие улучшали с помощью гуано, а для полива были прорыты специальные каналы, которые позволяли воде переливаться с одного уровня на другой.

Древние строители были специалистами экстра-класса, при сооружении зданий не использовался скрепляющий раствор – камни удерживаются за счет собственного веса – представляете, как сложно это было реализовать в условиях наклона земляной основы до 30 градусов. При этом, индейским девелоперам было известно про землетрясения, чтобы свести на нет риски обрушения при стихийных бедствиях, использовали специальную технологию, предусматривающую амортизирующие зазоры в строительных элементах. Насколько она была эффективной, можно судить по тому, что ни один дом не разрушен до сих пор.

Одно из необычных зданий города - это храм солнца. Его отличие в том, что камни, из которых он сооружен, идеально обработаны и фактически превращены в кирпичи. В попытках найти объяснение таким невозможным для инков умениям (им были неизвестны металлы, из которых можно было сделать специальные инструменты или абразивы), ученые высказывают мнение, что в затерянном городе находятся сооружения, созданные в принципиально разные времена. Т.е. строители Пачакутека выполняли свои строительные работы на руинах еще более древних мегалитических культур, о которых нам ничего не известно.

Схожая версия принята в отношении грандиозных сооружений Египта, Гватемалы, Мексики, Китая. Существует легенда, что Мачу Пикчу был построен задолго до инков и в древности назывался **Тампу-Токко** – «Убежище трёх окон». Мачу-Пикчу в легендах связывают с происхождением цивилизации в Андах, когда Боги под руководством великого творца **Виракоча** поселили четырех братьев Айар и их четырех сестёр-жён в Тампу-Токко. Три брата «явились из трёх окон», чтобы принести цивилизацию на землю Анд. Один из братьев Айар, Манко Капак, как я уже писал, основал город в том месте, где вошёл в землю золотой жезл, врученный ему богом Виракоча. По оценке испанского монаха, историка, миссионера-иезуита **Фернандо Монтесиноса**, это произошло примерно в 2400 году до н.э., за 3600 лет до инков. Эта древняя империя просуществовала 2500 лет, пока эпидемии и землетрясения не заставили людей покинуть район Куско.

Вождь вместе с горсткой приближенных укрылся в Тампу-Токко. И лишь через тысячу лет была основана империя инков.

Тем, кому хочется узнать об этом больше, рекомендую прочитать **книгу Захарии Ситчина «Потерянные царства».** Приведу отрывок из этой книги, 7-ой главы:

«Как и положено городу, который — по нашему убеждению — сначала служил моделью для Куско, а затем сам копировал его, Мачу-Пикчу состоит из двенадцати районов, или групп зданий. Царские и религиозные постройки располагаются на западе, а общественные здания и жилые кварталы (их занимала в основном знать) на востоке; разделены эти части города рядом широких террас. Простые граждане, которые занимались возделыванием террас на склонах гор, жили не в самом городе, а в окружающей его сельской местности (множество таких селений было найдено уже после первых открытий Бингема).

Существование нескольких архитектурных стилей — как в Куско и других местах раскопок — предполагает несколько этапов строительства. Жилые дома сложены, в основном, из булыжника, скрепленного раствором. Царские покои построены из уложенного ровными рядами тесаного камня, искусно вырезанного и тщательно обработанного. Одно сооружение поражает своим непревзойденным совершенством — именно в нем использованы гигантские полигональные каменные блоки. Во многих случаях руины эпохи мегалита и времен древней империи остались нетронутыми, а иногда на них были возведены более поздние постройки.

Восточные районы города занимали удобную площадку у подножия горы и простирались от городской стены на север и юг до самого края долины, а на восток — до сельскохозяйственных террас и кладбища. Западные районы тоже начинались у стены, но доходили только до Священной площади — как будто невидимая линия отделяла священную землю, доступ на которую был запрещен.

Храм Трех Окон занимает восточную часть Священной площади; гигантские каменные блоки его восточной стены возвышаются над открытой террасой западной части, с которой открывается вид на три окна. Окна имеют трапециевидную форму, а подоконники вырезаны из огромных каменных блоков, являющихся частью стены. Твердый гранит вырезан и обработан — как в **Куско** и **Саксахуамане** — с такой легкостью, как будто это был мягкий гипс. И сюда каменные блоки из светлого гранита доставлялись издалека, через реки, горы и долины.

Храм Трех Окон имеет только три стены; его западная сторона полностью открыта, а на месте стены здесь стоит каменная колонна около семи футов высотой. Исследователь Бингем предположил, что она могла служить опорой для крыши, хотя и признавал, что «такой детали не было ни в одном здании». С северного края Священной площади винтовая лестница ведет на вершину холма, на которой устроена искусственная ровная площадка для Интихуатаны, созданная из обработанного с величайшей точностью камня, которая служила для наблюдений за солнцем.

Это название переводится как «то, что привязывает солнце», — по всей видимости, этот каменный прибор, чьи углы ориентированы строго по сторонам света, помогал вычислить моменты солнцестояния, когда солнце дальше всего уходит на юг или на север. В эти моменты возносились молитвы, чтобы «привязать» солнце и заставить его вернуться, прежде чем оно исчезнет, погрузив Землю во тьму, как, согласно легендам, это уже однажды случилось.

На противоположном конце западной части Мачу-Пикчу, строго на юг от царского района, возвышается еще одно величественное и необычное здание города. Его называют **Торреон** — из-за полукруглой формы, — и сложено это здание из тесаных каменных плит, одинаковых по форме и тщательно обработанных. Редкой красоты и совершенства кладка сравнима лишь с полукруглой стеной святая святых в Куско. Полукруглая стена, к которой ведут семь ступеней, образует святилище, в центре которого расположена скала, специально обтесанная, с прорезанными бороздками. Бингем обнаружил на скале и кладке стен следы огня, из чего сделал вывод, что это место использовалось для жертвоприношений и проведения других обрядов, связанных с поклонением скале.

Священная скала внутри специальной постройки напоминает священную скалу, являющуюся центром храмовой горы в Иерусалиме, а также **Каабу**, черный камень в священной для мусульман Мекке.

Святость камня в Мачу-Пикчу обуславливается не его выступающей на поверхность вершиной, а тем, что находится внизу. Это огромная скала с пещерой внутри, которая была искусственно расширена и которой придали геометрические формы, напоминающие ступени, сиденья, полки и столбы (но не являющиеся ими). Кроме того, в пещере имеется кладка из тщательно отшлифованных гранитных плит чистейшего белого цвета. Еще больше усложняют внутреннее убранство пещеры различные ниши и выступы. Бингем предположил, что пещера была расширена и перестроена для хранения мумий правителей, которых приносили в это священное место. Но почему оно считалось священным, и зачем нужно было помещать сюда тела умерших вождей? Этот вопрос возвращает нас к легенде о братьях Айар, один из которых содержался в заточении в пещере «Убежища Трех Окон». Если Храм Трех Окон и есть тот самый легендарный храм, а пещера — та самая упоминавшаяся в мифе пещера, значит, именно здесь находился легендарный Тампу-Токко.

Сармиенто, один из испанских хроникеров, который сам был конкистадором, в своей книге «History of the Incas» рассказывает местную легенду, согласно которой девятый Инка (примерно в 1340 году нашей эры), «заинтересовавшись событиями древности и желая увековечить свое имя, лично отправился на гору Тампу-Токко... и там вошел в пещеру, из которой вышли Манко Капак и его братья, когда впервые направились в Куско...». «Тщательно осмотрев ее, он освятил это место обрядами и жертвами, поставил ставни из золота на окно Капак Токко и приказал, чтобы с этого времени все почитали эту пещеру как священное место молитв, жертвоприношений и пророчеств. После этого он вернулся в Куско».

Герой этой истории, девятый Инка по имени **Титу Манко Капак**, получил прозвище **Пачакутек** («Реформатор»), потому что после возвращения из Тампу-Токко он провел реформу календаря. Таким образом, Священная скала и Торреон вместе с Храмом Трех Окон и Интихуатаной подтверждают факт существования Тампу-Токко, доинкских правителей и древней империи, историю о братьях Айар, а также знание астрономии и календаря. Все это ключевые элементы истории и хронологии, составленной Монтесиносом.

Очень важным ключом, который полностью игнорируется современными учеными, является тот факт, что в легендах индейцев Анд повторяется история об ужасной тьме, окутавшей землю в доисторические времена. Никто не задался вопросом, не о той ли тьме рассказывается в мексиканских мифах о Теотиуакане и его пирамидах. Если данное явление действительно имело место — солнце не всходило, и ночь не кончалась, — то его должны были наблюдать на всем американском континенте.

Похоже, коллективная память народов Мексики и Анд в этом отношении совпадает, усиливая достоверность почерпнутых из различных источников сведений — как показания двух независимых свидетелей одного и того же события. Но если и этого недостаточно, можно призвать в свидетели Библию и самого Иисуса Навина.

По свидетельству Монтесиноса и других хроникеров, это в высшей степени необычное событие случилось в эпоху правления Титу Уйапанки Пачакути II, пятнадцатого правителя Древней Империи. На третий год его царствования, когда «добродетель была забыта и люди предавались всевозможным грехам», «солнце не всходило в течение двадцати часов». Другими словами, ночь не закончилась в обычное время, и восход солнца задержался на двадцать часов. После великого плача, признания своих грехов, после жертв и молитв солнце, в конце концов, взошло.

Это не могло быть затмением: тень не закрывала сияющее в небе солнце. Кроме того, ни одно затмение не продолжается так долго, а перуанцы были знакомы с этими периодическими природными явлениями. В легенде не говорится и о том, что солнце исчезло — оно просто не всходило на протяжении двадцати часов.

Как будто солнце — где бы оно ни находилось — внезапно остановилось.

Если воспоминания народов Анд верны, то где-то в другом месте — на противоположном конце земли ~ день должен был продолжаться столько же времени, то есть на двадцать часов больше.

Невероятно, но факт — это событие зафиксировано в письменных источниках, причем не где-нибудь, а в самой **Библии**. Это случилось после того, как израильтяне под предводительством **Иисуса Навина** перешли реку Иордан, вступили на землю обетованную и захватили укрепленные города Иерихон и Гай. Тогда все **цари аморрейские** заключили союз и совместно выступили против израильтян. В долине **Аиалона** неподалеку от города **Гаваона** состоялось великое сражение. Оно началось ночной атакой израильтян, обративших **ханаанское войско** в бегство. К утру союзники перегруппировали свои силы около **Вефорона**, но Господь «бросал на них с небес большие камни до самого **Азека**, и они умирали; больше было тех, которые умерли от камней града, нежели тех, которых умертвили сыны Израилевы мечом».

Иисус воззвал к Господу в тот день, в который предал Господь Аморрея в руки Израилю, когда побил их в Гаваоне, и они побиты были пред лицем сынов Израилевых, и сказал пред Израильтянами: стой, солнце, над Гаваоном, и луна, над долиною Аиалонскою! И остановилось солнце, и луна стояла, доколе народ мстил врагам своим. Не это ли написано в книге Праведного: стояло солнце среди неба и не спешило к западу почти целый день?

Событие, уникальность которого признается и в Библии («И не было такого дня ни прежде, ни после того»), произошло на противоположном по отношению к Андам краю Земли, и поэтому было противоположно тому, что наблюдалось в Андах. В Ханаане солнце не заходило около двадцати часов, а в Америке его восход задержался на такое же время.

Может быть, эти две истории рассказывают об одном и том же событии, наблюдавшемся в разных концах земли, и тем самым подтверждают его реальность?

Произошедшее до сих пор является загадкой для ученых. Единственный ключ к разгадке можно найти в упоминании об огромных камнях, падавших с неба. Поскольку мы понимаем, что в этих историях речь идет не об остановке Солнца (и Луны), а о замедлении вращения Земли вокруг своей оси, то объяснить это явление можно лишь сближением с крупной кометой, которая разрушилась, когда подошла слишком близко к нашей планете. Некоторые кометы вращаются вокруг Солнца по часовой стрелке, то есть в обратном по отношению к Земле и другим планетам направлении, и поэтому приближение такой кометы могло временно повлиять на вращение Земли, замедлив его.

Однако больше всего в этом событии нас интересует время, когда оно произошло. Два выдающихся исследователя Библии и археолога, Джон Дж. Бимсон и Дэвид Ливингстон, в результате тщательных исследований («Biblical Archeology Review», сентябрь-октябрь, 1987) пришли к заключению, что Исход начался в 1460 году до нашей эры. Поскольку израильтяне странствовали по Синайской пустыне в течение сорока лет, то вторжение в Ханаан приходится на 1393 год до нашей эры; наблюдавшееся Иисусом Навином явление случилось вскоре после этого.

Вопрос теперь заключается в следующем: наблюдалось ли в Андах противоположное явление, то есть необычно длинная ночь, именно в это время? По свидетельству Монтесиноса, описываемое событие произошло в третий год правления Титу Уйапанки Пачакути II. Для того, чтобы вычислить эту дату, требуется провести «встречные» расчеты. Мы знаем, что первые 1000 лет с «начала отсчета» прошли в период правления четвертого монарха, то есть в 1900 году до нашей эры, и что тридцать второй правитель занял трон через 2070 лет с «начала отсчета» — в 830 году до нашей эры.

Когда же правил пятнадцатый по счету монарх? Имеющиеся в нашем распоряжении данные говорят о том, что девять монархов — между четвертым и пятнадцатым — находились у власти около 500 лет, что помещает Титу Уйапанки Пачакути II примерно в 1400 год до нашей эры. Если вести отсчет назад, от тридцать второго монарха, то получается промежуток времени длительностью 564 года, и тогда время правления Титу Уйапанки Пачакути II приходится на 1394 год до нашей эры.

В любом случае, дата наблюдавшегося в Андах явления совпадает с датой описанного в Библии события, а также с датой события, зафиксированного в Теотиуакане.

Отсюда следует неизбежный вывод:

ДЕНЬ, КОГДА В ХАНААНЕ ОСТАНОВИЛОСЬ СОЛНЦЕ, СОВПАДАЛ С НЕОБЫЧНО ДЛИННОЙ НОЧЬЮ В АМЕРИКЕ.

Таким образом, это подтвержденное событие является неопровержимым доказательством правдивости воспоминаний индейцев Анд о Древней Империи, начало которой положил золотой жезл, дарованный богами человечеству на озере Титикака». Здесь цитирование 7-ой главы книги **«Потерянные царства»** закончим.

Не знаю как Вам такая версия, но лично я, увидевший Мачу Пикчу своими глазами, полностью ее разделяю.

На этом прощаемся с вами до новых встреч. Навеки Ваши, Уральские аналитики индейского эпоса, Валерий и Глеб.

ПЕРУ. ГОРОД ЛИМА, ОКОНЧАНИЕ ПУТЕШЕСТВИЯ

Ну вот и закончилось наше энергичное путешествие по Перу. Как и было запланировано, из Куско мы улетели самолетом. Стыковка между рейсами предоставила нам еще один день для того, чтобы прогуляться по Лиме.

В прошлый раз мы не успели побродить по району **Баранко**, так что это отличный повод наверстать упущенное. Присоединяйтесь к нам, ведь это последний день в Лиме за текущий сезон. Баранко - это новый район, располагающийся неподалеку от **Мирафлореса**, где мы останавливались в начале нашего путешествия. Местные называют его творческим и даже богемным. И на самом деле, отличие от остальных районов чувствуется. Здания тут хоть и не обладают колониальной грандиозностью, но зато они яркие и оригинальные.

Зато, тут множество уютных мест, где можно спокойно посидеть, покушать вкусной еды, полюбоваться невероятными видами Тихого океана.

Кажется, будто мы прибыли сюда вчера, а на самом деле за десять дней мы объехали большую часть южного Перу. Это было замечательное приключение - какое количество эмоций, сколько новых ощущений, сколько удивительных и легендарных мест, бередивших мое воображение с юных лет.

Я смотрел на бушующие волны, когда мне почему то вспомнилась одна из глав очень важной для меня книги Карлоса Кастанеды: «Он объяснил, что ключом ко всему называет непосредственное знание того, что земля – живое существо, и, будучи таковым, способна дать воину мощнейший толчок. Этот толчок суть импульс, исходящий из осознания самой земли в тот момент, когда эманации внутри воина настраиваются на соответствующие им эманации внутри земли. Поскольку и земля, и человек являются живыми существами, их эманации совпадают, вернее, у земли есть все эманации, присутствующие в человеке и все эманации, присутствующие во всех живых существах, как органических, так и неорганических. В момент, когда происходит взаимная настройка эманаций живого существа и земли, существо воспринимает свой мир».

Почему мне пришла в голову именно эта часть? Может быть, я уже начал воспринимать свой мир?

На этом мы говорим Вам «До свидания!» До свидания в новой стране!

Покупайте Ваши книги быстро и без посредников он-лайн – в одном из самых быстрорастущих книжных он-лайн магазинов! окружающей среде благодаря технологии Печати-на-Заказ.

Покупайте Ваши книги на
www.more-books.ru

Buy your books fast and straightforward online - at one of world's fastest growing online book stores! Environmentally sound due to Print-on-Demand technologies.

Buy your books online at
www.get-morebooks.com

VDM Verlagsservicegesellschaft mbH
Heinrich-Böcking-Str. 6-8   Telefon: +49 681 3720 174   info@vdm-vsg.de
D - 66121 Saarbrücken   Telefax: +49 681 3720 1749   www.vdm-vsg.de

Printed by Books on Demand GmbH, Norderstedt / Germany